日曜の夜、明日からまた会社かと思った時に読む40の物語

西沢泰生

祥伝社黄金文庫

『仕事に効く！　ビジネスをハピネスに
変える考え方のコツ』改題

はじめに
――日曜日の夕方が憂鬱《ゆううつ》なあなたに

チャッチャカ、チャカチャカ、チャッチャ♪

日曜日の夕方。

「笑点」のテーマ曲が聞こえる時刻になると、「ああっ、もうすぐ日曜日が終わってしまう……」と憂鬱になる。

「サザエさん」が始まると、いよいよ、「明日からまた仕事か……。週末まで、長いな……」と気分が落ちてしまう。

別に会社に大きな不満があるわけではない。

でも、なんとなく「会社に行かなきゃ」と思うだけで気が重くなる。

仕事がツライ、ツマラナイ……。

職場の人間関係に悩んでいたり、担当している仕事が自分に向いていなかったり、任されている仕事が自分には重くてプレッシャーだったり……。

そんな状態だとしたら、もうそれは「就業（しゅうぎょう）」というより「修行（しゅぎょう）」ですよね。

この本は、そんな会社に行くのが憂鬱なあなたへ贈る、「ビジネス」を「ハピネス」に変えるための「ヒント集」です。

あなたの人生の総トータル時間のなかで、「会社で働いている時間」は、いったい、どれくらいの割合を占めているのでしょう。

就職してから、定年までの時間にしぼって、「眠っている時間」を除いたら、あなたの人生の最盛期の半分以上は「会社での時間」に費《つい》やすことになるのではないでしょうか？

は……、半分以上って！！！

そんな、「人生における、長くて貴重な時間」なのに、「我慢して過ごしてしまう」なんて、もったいないと思いませんか？

「そうは思っても、今の仕事を辞めて、転職するのはちょっと怖いし、自分で起業する気もない」

あなたの声が聞こえてきそうです。

ご安心ください。

この本では、「今の仕事を辞めて、起業しましょう！」なんて、勇気の要《い》ることは言いません。

「好きなことをして、1億稼ぎましょう！」なんて、ハードルの高い提案もしていません。

あなたの「会社での時間」を、少しでも「充実した時間」に変えるために、

役に立ったり、

ヒントになったり、

目からウロコが落ちる「きっかけ」になったり、
と、そんな話を集めました。

本書で紹介する話やエピソードが、あなたの**「仕事に対するネガティブな気持ち」を消し去り、「仕事」が、「少しは楽しくて、やりがいがあるもの」へと変化するためのヒント**になることを願っています。

西沢泰生《にしざわやすお》

contents

目次

第2章

仕事を「面白くしたい」というあなたへ——75

第3章

仕事が「重い」というあなたへ——137

第4章 仕事に「やりがい」を感じないというあなたへ――199

ブックデザイン　井上篤

第1章

会社での「人間関係がツライ」というあなたへ

あるアンケート調査によれば、会社員の2人に1人は、
「職場の人間関係」に不満を持っているとか。
トップは「上司に関する不満」。
次が「同僚への不満」「部下への不満」と続きます。
第1章は、そうした「職場におけるツライ人間関係」を
解消するためのヒント集です！

story 1

あなたを「叱ってくれる人」

想像してみてください。

もし、毎日毎日、上司から「ちょっと来なさい」と席に呼びつけられて、オフィス中に響くような声で1時間叱られたとしたら……。

考えただけでも、血のオシッコが出てしまいそうですよね。

「10倍伝わる話し方セミナー」の代表・講師であり、「話し方」に関する本も出版されている、渡辺美紀さんは、かつて、外資系の食品メーカーに入社して4年目の頃、そんな状態に陥りました。

入社して以来、営業の仕事を必死に頑張っていた彼女は、4年目で入社以来ずっとあこがれていた東京のオフィスに異動します。

しかし、「東京のオフィスでは、こんな仕事をしたい、あんな仕事もしたい」と期待に胸を膨らませていた彼女を待っていたのは「暗黒の日々」だったのです。

今まで担当していた商品とはまったく違う商品を扱うことになり、はっきり言って「わからないことだらけ」。

おまけに上司はとても厳しく、毎日毎日、お説教！　あこがれの東京オフィスに異動できて嬉しかった気持ちは、すぐに「何で私なんかが、こんなところにいるのだろう……」というみじめな思いに変わり、落ち込む日々が続いていました。

そんなある日、会社からの帰り道。

偶然、隣のチームの部長と一緒になり、声をかけられます。

「渡辺さん、おつかれ。毎日、やっているねぇ」

「……はあ、お騒がせして、すみません……」

「渡辺さんは、ずいぶん、期待されているんだね。期待のホープだね」

「……期待……ですか？　どちらかというと、完全にガッカリされていると思うのですけれど……」

「いやいや、渡辺さん、期待されているよ。**毎日あれだけ説教をするなんて、よっぽど期待していなければ、できないことだよ**」

　この言葉を聞いた瞬間、渡辺さんは、ハッと気がついたのです。

　忙しいはずの上司が、毎日毎日、**わざわざ自分のために「貴重な時間」を使ってくれていたのだという事実**に！

　今まで、どうして、自分はそのことを考えなかったのだろう……。

　次の日から、彼女は、上司のお説教に対して、返事をするときの第一声に、必ず感謝の言葉を入れるようにしました。

「ありがとうございます！　すぐ直します！」

「ありがとうございます！　すぐやってみます！」

そうやって、彼女が前向きな気持ちを伝えるようになると、上司の「叱り方」に変化が……。

渡辺さんの意見を引き出そうとしてくれたり、アドバイスをくれたりして、彼女を成長させてくれる「強い味方」になってくれるようになったのです！

そう。**「厳しい言葉であなたを叱ってくれる上司や先輩」は、実は感謝すべき有り難い存在**なのです。何しろ、もしかしたら、あなたに嫌われるかもしれない。それどころか、逆恨みされるリスクを負いながらも、貴重な時間を、赤の他人のあなたのために使ってくれるのですから！

落語家の春風亭小朝《しゅんぷうていこあさ》さんは、今は亡き師匠、5代目春風亭柳朝《りゅうちょう》から言われて嬉しかった言葉として、こんな言葉を挙げていました。

「もう、言ってもわかると思うから、言うんだけどな……」

稽古中、お説教の前に、こう前置きをされたとき、小朝さんは「ああ、やっと師匠が自分のことを認めてくれた」と思って嬉しかったのだそうです。

自分を「叱ってくれる」ということは、**「言えばわかる人間」として、相手に認**

められているということでもあるのですね。

さて。

人からお説教をされているときは、その人が**「怒っている」のか、「叱ってくれている」のか、**見極めてみてください。

「怒っている」のは、その人が自分の感情を爆発させているだけ。

「叱っている」のは、あなたのためを思って、心を鬼にして言ってくれている。

似ているけれど、ぜんぜん違います。

もし、相手が「怒っているだけ」なら、「聞き流す」のもアリです。

もちろん、「怒りの原因」があなたの失敗なら、素直に謝って2度としないように反省するべきですが、取るに足らないことで「怒っているだけ」なら、「よくこんなに大きい声が出るな」とか「派手なネクタイだな」なんて思って聞き流しましょう。

逆に、**相手が「怒っている」のではなく、「あなたのために叱ってくれている」のなら、「感謝して、素直に自分の糧《かて》にする」のが、その人への礼儀**です。

だって、あなたのことをどうでもよいと思っていれば、わざわざ叱る必要はないし、「コイツはお客様に迷惑をかける」と思えば、その仕事からあなたを外せばいいだけなのですから……。

せっかく自分を「叱ってくれている人」に対して逆ギレなんて、損するだけ。「私は言ってもわからない人間です！」と宣言しているようなものです。それに、1度でも逆ギレした人には、誰も何も言ってくれなくなります。

職場のツライ人間関係を解消するヒント

怒っているだけの相手は「聞き流し」、叱ってくれる人には「感謝」。

story 2

聞き流す「秘策」

前項で、「説教をされているときは、その人が『怒っている』のか、『叱ってくれている』のかを見極めて、もし、『怒っているだけ』なら、聞き流すのもアリ」とお伝えしました。

繰り返しますが、もし相手が単に「怒っているだけ」だとしても、「怒っている原因」があなたの失敗や準備不足、配慮のなさなどなら、相手の言葉に耳を傾け、素直に反省し、謝るのが礼儀であり、あなたのためです。

でも、世の中には、「自分のストレスのはけ口として、部下にイチャモンをつけてイビる」という、フトドキな人間が本当にいるのです！

幸運にも私は出会っていませんが、ブラック企業を経験した友人の話では、ドラマや漫画に出てくるような、「上役には媚《こ》びへつらい、部下をいたぶることを生きがいにしているような管理職」が実在しているそうです。

そういう「理屈を超えた存在」から面と向かって怒鳴られ、イビられたら、どんな人でも、傷つき、その上司に怒りを感じることでしょう。

心理学者で日本カウンセリング学会認定カウンセラー会理事の諸富《もろとみ》祥彦《よしひこ》氏によれば、子どもの頃から、親や学校で厳しくされず、「上下関係」を経験しないまま成人になってしまった若者が、「上から怒られること」に耐えられず、「新型うつ」になるケースが増えているのだとか。

「新型うつ」の特徴は、「悪いのは、自分を理解してくれない上司のほう」という他責の念が強いこと。そして、職場にいる間は憂鬱で元気がないのに、仕事が終わると途端に元気になること。

ちなみに、ただの「落ち込み」と「うつの症状」の境界線は「夜に眠れているかどうか」だそうです。

諸富氏は、もし職場があなたを人間扱いしないブラック企業なら、**「一刻も早く**

逃げるのが得策」と言っています。

心に深刻なダメージを受けたら、取り返しがつかなくなるので、その前に「撤退せよ」というわけですね。

とは言え、ブラック企業というわけではないのに、「職場に嫌いな上司がいる」くらいで会社を辞めてしまったら、あなたのほうが損をしてしまいます。

そもそも、まともな会社なら、**そういう人間は、意外とすぐに異動して、上司ではなくなるもの。**いなくなるまでを、いかにしのぐかが勝負です。

そこで、私が今までに本で読んだり、人から聞いたりした、上司から理不尽な理由で怒鳴られたり、イチャモンをつけられたとき、「聞き流す秘策」「精神的なダメージを軽くする秘策」をいくつかご紹介しましょう。

○人間観察だと思ってみる

「この人、怒りがマックスのときは眉間《みけん》にシワが3本……、あっ、2本に変わった!」と、怒鳴られている最中に「観察」に入ってしまうというワザ。

○「そうきたか！」「さすがっスねぇ」と感心してみる

「おっ、そこをついてきますか、いや〜、さすがに器が小さいっスねぇ」と、常に心のなかで感心してしまうというワザ。この、常に「そうきたか！」「さすがっスねぇ」と思うワザは、イビりや、突然のピンチにも対応できる凄ワザです。

○頭のなかで、相手の言葉の語尾に勝手にへんな言葉をつけてみる

たとえば、相手が「どうするつもりなんだ！」と言っていたら、頭のなかで「どうするつもりなんだでありんす」とか、「どうするつもりなんダヨ〜ン」とか、勝手に語尾をつけてしまうというワザ。つい笑ってしまわないように注意しよう（笑）。

○目の前で怒っている人も「実はツラいのでは」と想像してみる

「青スジを立てて怒っているけど、この人も上からしぼられてストレス溜まっているんだろうなぁ」とか、「いつもこんなに遅くまで会社にいて、よっぽど家に帰り辛いのかなぁ」とか、あらぬ想像をしてしまうというワザ。くだらないことですぐに怒鳴る人は「満たされていない人」なので、想像は意外に当たっていたりします。そういえば、タモリさんは子どもの頃、先生に対して「先生もたいへんっスね」と大人目線で接していたとか。小憎らしいガキ……ではなく、頭の良いお子さんだったのですね。

○同情してみる

「この人、いつも怒っていて、早死にするなぁ」とか、「こんな、相手を傷つけるキツイ言い方ばかりしていて、この人は一生、しゃべり方で損をして生きていくんだなぁ」と、上から目線で同情してしまうというワザ。これをやると、陰で皆から嫌われている上司が、本当に哀れに思えてきます。

○ゲームにしてみる

「この説教が10時までに終われば私の勝ち」とか、ルールを決めてゲームとして楽しんでしまうというワザ。説教が予想より早く終わっても、「まだもう少し怒ってください」なんて言って気持ち悪がられないようにしましょう。

○シャドウボクシングだと思ってみる

ボクシングだと思って、相手からの言葉のパンチを頭のなかでよけるというワザ。パンチをよけきれないときは、急所から数センチずれさせるのがコツです。

どの方法も、少し笑えるものですが、別にふざけているわけではありません。

相手の「理不尽な怒り」を正面から受けて、精神的なダメージを受けるより、少しくらい不真面目でも、こんなワザを使って聞き流すほうがよっぽど健康的です。

世界のなかの、「日本という小さな国」のなかの、400万以上もある会社のなかの、たった1社のなかの、「小さな組織」のなかにいる、「人間的に小さな上司」から、何を言われたって、世界がひっくり返るわけでも、命を取られるわけでもありません。

そんな、どうでもよいことに、心を痛める必要はいっさいないのです。

職場のツライ人間関係を解消するヒント

いくら無料《タダ》でも、「怒り」だけは「買うだけ損」。

story 3

キライなあの人を好きになる方法

どこかで聞いた言葉です。

「一生、一緒に食事をする機会のない人間と仲良くする必要なんてないわ」

たしか、外国の女優の言葉だったと思うのですが、なかなかの名言だと思います。

「無理してかかわる必要のない人間とのつき合いに振り回されることはない」と言っているわけですね。

しかし、一緒に食事はしないけれど、一緒に仕事をしている場合……、つまり、同じ職場に「どうしても好きになれない人」がいるときは、この女優のように「仲良くする必要なんてないわ」とも言っていられません。

毎日、仕事でかかわるのですから、いろいろと支障が出てきますよね。

そこで、そんな相手を好きになることができる（かもしれない……）**「ザイアンスの法則」**を紹介しましょう。


たとえば。

大っ嫌いな上司が職場にいるとしましょう。

威張りくさっていて、くだらないことでいつも怒鳴っている。

あなたは、かねがね「イヤなヤツ」だと思っています。

ところが、ある日曜日、公園で偶然、犬を散歩させているその上司とバッタリ遭遇。

仕方なく、連れている犬を見て、「カワイイですね」なんて言うあなた。

もし、そのとき、上司が、会社では見せたことのない笑顔でこう言ったとしたら、あなたはどう思うでしょう？

「まだ生まれて2年なんだ。コロコロしているから名前はコロ助。こいつの親は先月事故で死んじゃってね……」

いかがですか？

あれっ？

いつも怒っているけれど、**「こんな一面があるんだ……」**って思いませんか？

会社で見せている「オモテの顔」ではなく、プライベートな「素顔」を覗き見た瞬間です。

その上司について、あなたの脳に、「自宅でコロ助という名の犬を飼っていて、子どものように可愛がっている」という、「新たな情報」が加わったわけです。

次の日の月曜日から、その上司へのあなたの感情は微妙に変化しているはず。

「この人、会社では怒鳴り散らしているけど、家では、もしかしたらイイお父さんなのかも」なんて思えてきたりして……。

これが、「ザイアンスの法則」です。

日本語では「単純接触効果」などとも呼びます。

ごく簡単に言えば、**「人は、相手のことを知れば知るほど好きになる」**。

あなたが嫌っている人を1人、思い浮かべてみてください。
たぶん、あなたはその人のプライベートに関する情報をあまり知らないのではないでしょうか。まあ、そんなこと、知りたくもなかったでしょうが……。

そもそも人は、「よく知らない相手」には、苦手意識を持つもの。
ですから、もし、仕事を円滑に進める上で、その人との関係（と言うより、あなたのその人へのマイナス感情）を改善したいと思ったら、その人のことを1つでも多く知ればよいのです。

ほら、職場でそれほど親しくなかった人と飲みに行ったら、翌日から、その人との距離が急に近くなって仕事を頼みやすくなることがあるじゃないですか。これも「ザイアンスの法則」の効果です。

ひと昔前の「会社」では、社員旅行とか、忘年会とか、「ザイアンスの法則」が活かされる機会がしょっちゅうありました。

「親睦を深める」ための古臭い習慣と言えばそれまでですが、ちゃんと心理学にもそったものだったのですね。

面白いのは、一見、ドライで個人主義っぽい印象を受ける、IT企業や企画会社などのほうが、逆に社員同士のバーベキュー大会を開いたりして、「運命共同体」としての絆《きずな》を深めていること。

こうした企業は、「ザイアンスの法則」で社員間の理解を深め、お互いを認め合うことで「シナジー効果」（個別のものを合わせることでより大きな成果を得ること）を発揮する重要性を認識しているのかもしれません。

ちなみに、名著『7つの習慣』で有名なコヴィー博士は、**「シナジーは、人生においてもっとも崇高な活動」**とまで言っています。

楽天の創業者、三木谷浩史氏の言葉です。

「グループとは？　それぞれが決まった役割しかしない集団。

チームとは？　自分の守備範囲を超えてカバーし合う集中力の高い組織」


「グループ」を「チーム」に変えるものは、お互いの信頼と理解です。

ちなみに、人が理解し合って親しい感情を通わせることを、心理学用語で「ラポール を築く」と言います。

「ラポールを築く」ための第1歩は、相手について1つでも多く知ること。

仕事で関係しなくてはならないのに、どうしても嫌ってしまうあの人に、明日、趣味の話題を振ってみましょう。

職場のツライ人間関係を解消するヒント

キライな相手を驚かせるひと言。

「今度、飲みに行きましょう！」

story 4

「怒り」の正体

いつも怒っている人は早死にが多い。

免疫学の権威、安保徹名誉教授（新潟大学）によれば、これ、俗説ではなくて、医学的にも証明できる事実とのこと。

ちょっとムズカシイ話になりますが、それはこういう仕組みだそうです。

まず、心と体は自律神経系でつながっていて、この自律神経は、「交感神経」と「副交感神経」に分かれます。

「交換神経」のほうは、言わば「人を緊張させる神経」。

仕事やスポーツをするとき、精神活動を活発にする神経です。

もういっぽうの「副交感神経」は、言わば「人をリラックスさせる神経」。

ゆったりと食事をしているときや、眠っているときに働く神経です。

この2つの神経のバランスが取れている状態が「健康」な状態ですね。

安保教授は、この「自律神経」と、体を病気から守る「免疫力」との関係を医学的に明らかにしました。

先生によれば、人間の免疫力は、リラックスして副交感神経が優位に働くとアップするとのこと。

逆に、普段、怒ってばかりいる人は、「交感神経」のほうが優位になりますから、「免疫力」が落ちる→病気になりやすい→早死にする……というわけですね。

ということは……。

職場にイライラさせる人がいて、あなたがいつも腹を立てているというのは、なんと、「あなたの命にかかわる大問題」だったのです！

これは由々《ゆゆ》しき問題ではありませんか！

ではここで、人はどうして他人に対して、「怒りを覚えるのか？」についてお話ししましょう。

私たちを早死にさせる、「怒り」という天敵の正体に関する話です。

『もう、怒らない』（幻冬舎文庫）や『平常心のレッスン』（朝日新書）などの著書がある元僧侶、小池龍之介氏は「怒りの正体」について、こんなことを言っています。


「他人を不快に感じるのは、その人のなかに『あなた自身』を見ているから」


さすが、元お坊さん、禅問答のような表現ですね。

でも、この考え方、他のマネジメントに関する一般ビジネス書にも同様の考え方が出て来ます。

もう少し、わかりやすく説明しましょう。


たとえば。

「人に迷惑をかける人になってはいけない」と普段から周りに気を使っている人

は、満員電車のなかでリュックを背負ったままの人を見ると、「なぜ、手に持たない！」とアタマに来ます。

「時間には正確でなくてはならない」と思っていて、きっちりと計画どおりに過ごすように心がけている人は、待ち合わせの相手が、約束の時間に1分遅れただけでも腹が立つ……。

つまり、**人は、他人のなかに、「普段、抑圧している自分」を見ると怒りを覚えやすい**のです。

仕事の例で言えば、「書類の誤字脱字は恥ずかしいから絶対にしない」と自分を抑制している人は、何度注意しても誤字脱字だらけの書類を持ってくる部下に対して、必要以上に「怒り」を覚えてしまう……。

ここまで「怒りの正体」がわかれば、「ムダに怒らなくする方法」は簡単です。

そもそも、自分と他人はぜんぜん違う人物なんだという、当たり前のことを、心の底から理解すればいいのです。

そして、あなたが「悪」だと思っていることも、見方を変えるだけで「善」になる場合があると知ることです。

「仕事の早い人」は「仕事の遅い人」にイライラしがち。

でも、「この人は、せっかちな自分よりも、丁寧に仕事をする人間なんだ」と思えば怒りも鎮《しず》まります。

「細かなことを気にする人」は、「無神経な人」にイライラします。

でも、「この人は、細かなことまで気になる自分と違って、小さなことを気にしないおおらかな人なんだ」と思えば「それもアリかな」と思えてくる……。

他人は、あなたと違う親から生まれ、違った環境で育ち、違ったものを食べ、違った価値観を持って生きています。

そんな、まったく違う人間に、あなたの価値観を押しつけてイライラするのは、実にどうも「アホらしいこと」なのです。

「いや、そうではなくて、正しいことを教えているだけだ」と思ったあなた。

それ、本当に「正しいこと」ですか？

もし、本当に誰がどう見ても正しいことなら、何も必要以上に腹を立てて血圧を上げる必要はなく、冷静に諭《さと》してあげればいいではありませんか。

怒ってしまって、早死にをして、損をするのはあなたのほうなのですから！

職場のツライ人間関係を解消するヒント

他人の「目玉焼きの食べ方」に文句を言っても始まらない。

story 5

「アイツだけは許せない」を許した瞬間

よく、こんなことを口にする人がいます。

「アイツだけは許せない!」

でもこれ、考えてみるとおかしな言葉です。そもそも、なぜ「上から目線」なのでしょう。

「『怒り』の正体」の項でも触れましたが、他人は自分と違う価値観を持って生きています。

相手がもし、あなたの怒りを買う行動をとったとしても、相手は「自分の価値観」で判断し、あなたに対して「腹の立つこと」をしている。そして、「腹を立てているあなた」もまた、「自分の価値観」と照らし合わせて腹を立てている……。言ってしまえば、それだけのことなのです。

歯科医師であり経営コンサルタントでもある井上裕之氏は、**「そもそも他人に対して『許す』とか『許せない』という発想自体が傲慢《ごうまん》ではないか」**と言っています。

さらに、**「自分の悪さを認めたくないから、問題を他人にすり替えているにすぎない」**と。

たとえば、上司に対して、「ちょっと遅刻したら、『そんなことだから仕事の納期が遅れるんだ!』って、1年前に納期が遅れた『カビの生えた失敗』についてまた言われた。アイツだけは許せない!」と怒っている人がいるとします。

この場合も、もともと自分が「納期を遅らせた」「遅刻した」ことが悪いのに、問題を「同じことを何度も責めてくる上司の存在」にすり替えている、というわけです。

実は、自分も「遅刻して悪い」と思っているのに、そのイタイところを指摘されることで、余計に腹が立つ……という心理もあることでしょう。

評論家で自己啓発書作家の中島孝志氏が、その著書のなかで、「どうしても許せないと思っていた、相性の悪い上司」2人との顛末《てんまつ》について、エピソードを紹介しています。

1人目は中島さんがまだビジネスマンとして駆け出しだった頃の上司です。とにかく相性が悪く、毎朝、口論からスタート。午前中は、口論で仕事にならないというのですから、なかなかの相性の悪さです。

この争いは、結局、頭を抱えた経営陣が、入社2年目だった中島さんのほうを異動させるという形で結着したそうです。

中島さんは、このことについて、**「どんなに相性の悪い上司がいても、会社においては『異動』『転勤』『出向』など、『逃げ道』はいくらでもある」**と言っています。

いや、まったく、そのとおり。

よく、「こんな上司の下で一生働くなんて耐えられない！」という理由で会社を辞めてしまう人がいます。

でも、前述のように、賭けてもよいですが、その上司の下で一生過ごすなんてことは絶対にありません！　そんな理由で早まってはいけませんぞ！

さて。

中島さんがビジネスマン時代に出会った「相性の悪い上司」との顚末。

2人目は、失敗すると昔のことを蒸し返すタイプの人だったそうです。

反発をしていた中島さんですが、どうしても我慢できず、退職を決意。

ところが……。

いざ、会社を辞める決心をしてみると、途端にその上司の「弱さ」みたいなものが見えるようになったのだそうです。

そして、その上司と一緒に出張をしたときに、決定的な出来事が……。

出張の道中、中島さんは、まったく口をききませんでした。

なのに、ひょんな流れで、その上司の自宅に立ち寄ることになった。

そこで中島さんは、その上司が妻子とうまくいっていないという事実を目の当《ま》たりにしてしまいます。

そして、ハッと気がついたのです。

「人は皆、いろいろな事情を抱えて生きているんだ」という事実に。

そのことに気がついた瞬間。

上司への、怒りやわだかまりが、氷が解けるように消えていくのを感じたのです。


中島さんは、言っています。

「もし、もっと早く、このことに気がついていれば、会社を辞めなかったのに」

このときの中島さんの上司への思いは、「同情」とは違う感情でしょう。

その上司のことを、「『ただのイヤなヤツ』から、「『悩みを抱えた1人の疲れたおじさん』として認知した」とでも言えばよいでしょうか。

昔、怖かった学校の先生と大人になってから再会すると、**「あんなに怖く見えた先生が、それなりに悩みを抱えた、ただの人だった」**と気がつくことがあります。

そう感じるのは、自分が成長し、人を客観的に見られるようになって、先生の「弱み」や「ツラい状況」が見えるようになったから。

「アイツだけは許せない！」って、上から目線で他人を見るくらいなら、同じ上から目線でも、**「アイツもいろいろと苦労があるんだよな」**と考えてみてはいかがでしょうか。

そっちのほうが、きっと、「大人だなぁ、自分」て、気分がイイはずです。

職場のツライ人間関係を解消するヒント

人は誰も、のっぴきならない問題を抱えながら、
平然と生きている。

story 6

1人だけ再雇用された社員が面接で言ったこと

これからお話するのは実際にあった話です。

会社と個人の関係についての話ですが、人と人との関係においても基本となる「ある魔法」についてのエピソードです。

物語の舞台は、企業買収を受けて、社員全員の解雇を決定したある会社。

この会社では、事情を説明するために、全社員に面接を行なうことにしました。

「面接」と言えば聞こえはいいのですが、要は「会社がなくなるので、あなたはクビです」と、1人ひとりに伝えるのが目的です。

予定では、すべての社員がクビになるはずでした。

ところがこの面接で、「あること」を言った社員が、たった1人だけ、買収後の企業に再雇用されることになったのです。

ここでいきなりクイズ。

あなたには、その彼が、この「クビ宣告面接」で何を言ったかわかりますか？
彼の立場になって真剣に考えてみてください。
それでは、シ～ンキ～ングタ～イム！

……。

……。

ヒントです。

「人生の崖っぷち」であるこの面接で彼が言ったのは、他の社員が誰1人として口にしなかった言葉でした。

その発言を聞いた買収先の企業の担当者が、「あの社員はすばらしい！」と思って、買収後の新会社へ彼1人だけが再雇用されることになったのです。

……。

そろそろ答えです。

クビを宣告された彼が、その面接で言ったこと……。

それは……。

感謝の言葉！

他の社員たちが、「今まで会社に貢献してきたのに！」とか、「子どもが2人いるし、ローンも残っているし、今クビにされると困るんです！」など、文句や泣きごとを言うなかで、彼だけはこんなことを言ったのです。

「私も、ウチの家内も、この会社には本当に感謝しています」

この言葉が、買収先企業の担当者の胸に響いたのです。

人間、死に際にはウソは言いませんよね。

クビを宣告されるという、その会社と縁が切れるという面接のなかでの、本音の感謝の言葉だったからこそ、「こんなに人間がよくできた社員を失ってはいけない！」と思ってもらえたのでしょう。

ちなみに、再雇用されたこの社員は、新しい会社で「社員教育」の担当者に抜擢されたそうです。


人は、仕事で「自分に益をもたらす相手」に近づき、感謝の言葉を口にします。

でも、そういう「利害が前提の関係」は、相手が「自分にとって無益な存在」になった途端、破綻する。

飛ぶ鳥を落とす勢いの起業家の周りに、たくさんの「取り巻き」がいたのに、その人の会社がつぶれた途端、波が引くように誰もいなくなってしまう……。

よくある話ですね。

自分がダメになったときに助けてくれるのが本当の友だち。

どん底になったときは、「本当の友だちを知るチャンス」なんて思ってもよいかも……。

逆に、相手がどんな状態になっても、恩を忘れず感謝する。

この**「感謝」は、すべての人間関係の基本**です。

ちなみに、この1人だけ再雇用された社員ですが、本当にエラかったのは、実は彼の奥さんだったのです。

旦那さんが会社をクビになると聞いたこの奥さん、彼に「会社に感謝しなきゃだめよ」と言ってくれたのだとか。

普通なら、ため息の1つや2つもつきながら、「これからどうするの……」なんて言って、ただでさえ落ち込んでいる旦那に追い打ちをかけてしまうところです。「内助《ないじょ》の功《こう》」とは、まさにこのこと。きっと、普段から旦那さんに対しても「感謝」をしている奥さんだったのでしょうね。

職場のツライ人間関係を解消するヒント

利害関係を超えた「感謝」は、人の心を動かす「魔法の杖」。

story 7

従業員にリストラされた社長

魔法の言葉によって、「危うく解雇をまぬがれた人」の話の次は、「従業員にリストラされた（?）」社長の話。もちろん、これも本当にあった話。

某カリスマ経営者A氏のところに、ある日、中小企業のB社長から「相談」の電話が入りました。

この社長さん、4人の従業員を抱えていたのですが、ワンマン経営がたたったのか、彼らに愛想を尽かされて会社を去られてしまったのです。

1度に4人の従業員を失って、会社は開店休業状態。

途方にくれて、カリスマ経営者として知られるA氏に相談を持ちかけてきたという次第。わかりやすく、会話形式でお届けしましょう。

B社長　従業員たちをどんなに説得してもダメでした。今日、最後の1人に辞められてしまいました。

A氏　これだけ不況なのですから、他の人をいくらでも採用できるでしょう?

B社長　採用はできても仕事を覚えさせるのに時間がかかります。それに、辞めた4人のなかに優秀な従業員が1人いて、私としては、彼に辞められたのがとても痛い……。

A氏　従業員たちが不満を持った理由の心当たりは?

B社長　人使いが荒いからでしょう。私は厳しいですから。

A氏　厳しいだけでは辞めたりしませんよ。

B社長　コミュニケーションが足りなかったかもしれません。ああしろ、こうしろと指示ばかりで、できても褒めないけど、失敗しても叱りませんでした。最後は、いいからオレによこせ!　……と、いつもそうでした。それで愛想を尽かされた。**社長である私が従業員からリストラされたんです。**

A氏　なるほど。では、辞めた従業員たちに手紙を書いてはどうでしょう。

B社長　手紙……ですか？

A氏　そうです。「戻ってきて欲しい」という内容ではなく、「こんな社長によくついてきてくれた」という、今までの感謝の手紙を書くのです。

カリスマ経営者からのアドバイスを受けたこの社長。
４人の元従業員たちへ、「お礼」の手紙を書きました。
「辞められてしまって、とても困っている」という現状も、包み隠さずに書いて送ったのです。

手紙を出して２週間後。
４人のうちの１人から、こんな内容の返事が来ました。

「手紙をありがとうございました。もう1度仕事をしたいと思います。雇っていただけませんか」

この返事をくれた従業員。

実は、仕事を教えてくれた社長に感謝をしていたものの、同僚に引きずられて辞めてしまったとのこと。

辞めたあとも会社のことが心配だったのだそうです。

そして、この返事をくれた彼こそが、社長が「彼に辞められたのが痛い」と思っていた社員、その人だったのです。


部下や後輩の仕事ぶりというのは、ときとしてつたなくて、つい、この社長のように、自分で引き取ってしまいがち。

でも、それだと相手は成長できません。

それどころか、ときには、プライドが傷つき、やる気がなくなるかもしれない。

多少、歯がゆくても、少しくらい失敗しても、大目に見てあげて、勇気を持って任せる。そして、うまくできたら、ちゃんと言葉にして褒めてあげる。


中国の思想家、老子は、そうした「指導者の出しゃばりすぎ」への戒《いまし》めとして、

「理想の指導者」について次のような意味のことを言っています。


「最低の指導者は、部下からバカにされる指導者。

それよりも良いのは、部下から恐れられる指導者。

それよりも良いのは、部下から敬愛される指導者。

それよりも良くて、理想的な指導者は、部下から、その存在することさえ意識されない指導者である。

すばらしい業績をあげても、それが彼の働きだとは認識されない。

そんなあり方が、もっとも理想的な指導者のあり方である」


古代ギリシアの哲学者、タレスに、ある人が「この世の中で、1番難しいことは？」と尋ねたとき。

それに対するタレスの答えは「自分自身を知ること」。

同じ人が、続けて、**「では、この世の中で1番簡単なことは？」**と尋ねると、この偉大な哲学者はニヤリとしてこう答えたそうです。

「他人に忠告をすることだよ」

「つい口を出してしまう」のは、なんと「この世で1番簡単なこと」だったのです。

「言いたいのをグッとこらえて、信頼して任せる」ほうが、100倍ムズカシイと。

会社で、部下や後輩との人間関係がうまくいっていないあなた。

もしかしたら、「1番簡単なことである、相手に意見すること」を、「相手のため」だと勘違いしてやってしまってはいませんか？

職場のツライ人間関係を解消するヒント

「自分で何でもやっちゃ、部下はついて来ない」

（実業家　本田宗一郎の言葉）

story 8

誰も動いてくれないときに

「自分の部下がなかなか思うように働いてくれないとき、何か秘訣《ひけつ》のようなものがあったら教えていただきたいのですが……」

これは、現在、人材育成に関する企業など複数の会社を経営する嶋津良智《よしのり》氏が、経営者になって間もない頃、セミナーの講師にした質問です。

当時の嶋津さんは、思うような業績をあげられず、「部下を動かすにはどうしたらいいんだ」と悩みに悩んでいました。

彼の質問を聞いた講師は、半分あきれたような顔をして、こう答えてくれたと言います。

「何を言っているんですか？　そもそも人を動かそうと考えること自体チャンチャラおかしいですよ。上司というのは、部下が自ら動こうとする環境をつくることが大切なんです」

その言葉を聞いた瞬間、嶋津さんは「金属バットで頭をガツンと殴られたような衝撃を受けた」と言っています。

たとえ、自分のやり方や考えがどんなに正しくても、部下が納得して、自分からやる気になってくれなければ意味がないし、長続きもしない。

そう気づかされた嶋津さんは、それ以降、自分が前に出るのではなく、部下をバックアップするスタイルにマネジメントをガラリと変えたそうです。

『伝え方が9割』の著者でコピーライターの佐々木圭一氏は、「人は、1日にいったい何回くらいの頼みごとをしているのか？」を調べてみたことがあるそうです。

何回くらいあったと思います？

なんと答えは22回！

人は「思いどおりに動いてくれないのが当たり前」の他人に対して、たった1日で22回も「お願い」をしていたのです！

「なんで誰も動いてくれないのだろう……」

25歳の日本IBM社の社員、永井孝尚《たかひさ》さんは頭を抱えていました。

『100円のコーラを1000円で売る方法』（中経出版）などの著者で、現在はマーケティング戦略コンサルタントとして活躍されている永井孝尚氏は、25歳当時、日本IBM社のアジア地域の担当者として、全社で取り組むプロジェクトを任されていました。

何しろ、「全社プロジェクト」です。

永井さんは、上司と話し合い、方針と目的を設定し、業務プロセスをつくり、アジア地域の各製品の担当マネージャーを任命してもらい、その役割と作業スケジュールを決め、メンバーを集めて説明会も実施しました。

なのに……。

スケジュールどおりに動いてくれたメンバーはごく一部の人だけ。

8割以上の大多数の人たちはぜんぜん動いてくれない。

期限が過ぎて、催促の電話をすると、相手からは衝撃的な言葉が。


「何だっけ？　あっ、あの件ね。まだやっていないんだ。いつまでだっけ？」


たとえ、「全社プロジェクト」だろうが何だろうが、現場の製品マネージャーたちは、日々のお客様対応で手いっぱい。

毎日、深夜まで仕事に追われ、やらなくても当面は問題のないプロジェクトに関する仕事なんて1番あとに回されても仕方のない状態だったのです。さて。

もし、あなたが永井さんの立場なら、どうしますか？

「全社プロジェクトなんだから、頼みますよ！」って、無理にお願いしますか？

悩んだ永井さんは「どうして、製品マネージャーは、そんなに忙しいのか？」、その理由を探ってみたそうです。

そうしたら、お客から日々寄せられる製品トラブルのうち、ある種のトラブルの最終責任者が彼らになっていて、海外の製品開発研究所とのやり取りに時間を取られているという事実に行きつきます。

そこで、永井さんは、**彼らから「この仕事をなくしてあげよう」と考えた。**

製品マネージャーから製品トラブルを受け取り、取りまとめてアメリカの本社へ報告することにしたのです。

「永井経由で本社に依頼すれば、製品の問題が解決できる」

製品マネージャーたちにとっては「救いの神」ですね。

その仕組みをつくって以来、製品マネージャーたちは、永井さんからの依頼に対し、当然のように、最優先で対応してくれるようになったのだそうです。

永井さんは言っています。

「結局、人を動かすのは顧客の声なのだ」（この場合の顧客とは、現場の製品マネージャーですね）

相手の立場に立って、その声に耳を傾けて考えてみたとき、道は開けたのです。

会社の人間関係で、「自分は懸命にやっているのに、周りの人たちがぜんぜん動いてくれない」「ちっとも納期を守らない」という悩みを聞きます。
そんなときは、不満に思うだけでなく、若き日の永井さんのように、「どうしてやってくれないのか？」「どうしたら、相手が自分から動いてくれるのか？」と考えてみてはいかがでしょうか。それが活路になるかもしれません。

職場のツライ人間関係を解消するヒント

「人を動かす方法」はない。
でも、「人に動いてもらう方法」ならある。

story 9

ナポレオンvs野村克也

英雄ナポレオンは、「人を従わせる方法」として、こんなことを言っています。

「人間を動かすテコは2つある。それは〈恐怖〉と〈利益〉である」

順番は逆ですが、これはつまり、アメとムチですね。

このナポレオンの言葉に対して、ひと言、もの申しているのが、2020年2月に亡くなった、プロ野球界の名指導者、野村克也氏です。

「私は、〈恐怖〉と〈利益〉という2つに、〈尊敬〉を加えたい。リーダーは、〈利益と尊敬と、少しの恐怖〉で組織を動かしていくべき」

そして、ノムさんは、最後にこう、つけ加えています。

「その潤滑油となるのがユーモアだ」

リーダーは、部下（選手）に利益を与えることができなければならない。
そして、リーダーは尊敬できるだけの器がなくてはならない。
そして、ときには、あえて厳しいことも（愛情を持って）言わなくてはならない。
そして、そして、ときには、ユーモアで場を和《なご》ませる気配りも必要である……と。

さすが名将。
ここまで考えて行動しているリーダーは少ないのではないでしょうか。
ここでいう「利益」とは、何もお金だけではありません。

相手に活躍（自己実現）の場を与えるのも、りっぱな「利益」。

そして、優勝という「夢のゴール」もまた「利益」です。

事実、ノムさんは**「リーダーは夢づくりの名人でなくてはいけない」**と言っています。

「夢づくりの名人」て、すごくいい言葉ですね。

いったい、今の日本に、「夢づくりの名人」と言えるリーダーが何人くらいいるのでしょう……。


さて。

ノムさんは、**「リーダーシップとは、方向を明示する力」**と言っています。

実際、彼は監督時代、「方向を示すこと」によって、多くの選手を説得し、成功へと導いているのです。

ヤクルトの名外野手として大活躍した飯田哲也選手のもともとのポジションは意外にもキャッチャー。

その彼に対して、「オレが買ってやるから、キャッチャーミットをよこせ。その金でグラブを買え！」と言ってキャッチャーミットを没収し、外野手に転向させたのは、他ならぬ野村監督でした。

足が速かった飯田選手に「新たな方向」を示したことによって、「センター、飯田」は誕生したのです。

ちなみに、飯田選手は引退のとき、「野村さんに出会えて、最高の野球人生を送ることができた」と、感謝の言葉を残しています。

元阪神の大エース、江夏豊さんをリリーフ投手に転向させたのも、当時、南海ホークスの監督だったノムさんでした。

その頃のプロ野球は、「先発完投」が美徳とされ、リリーフ投手は「格下」に見られた時代です。

「リリーフ転向」の要請に対して、誇り高い江夏さんは、当然、難色を示しました。

ノムさんは、「大リーグを見てみい。これからは絶対に、ピッチャーは、先発、中継ぎ、抑えと役割分担をする時代になる」と説得。

そして、最後に殺し文句。

ノムさんはこう続けたのです。


「リリーフ投手として、日本のプロ野球に革命を起こしてみないか」


く〜。

ノムさん……まるで、「オレと一緒に世界を変えてみないか」を殺し文句にして、優秀な人材を集めたスティーブ・ジョブズみたいです。

この殺し文句で、江夏さんはリリーフ投手転向を決意。

その後、本当に試合を勝ちに導くクローザーの先駆者となり、日本のプロ野球におけるリリーフ投手の地位を根底から変えてしまったのです。


もし、江夏さんを説得したときに、ノムさんが頭ごなしに、「もう先発完投は無理だからリリーフにまわれ！」と言っていたら、頑固者の江夏さんは絶対に首をタテに振らなかったでしょう。

ちなみに、その後、年齢もあって、剛腕投手から技巧派へと進化した江夏さんは、ノムさんの「考える野球」にすっかり心酔。

「野村監督ともっと、野球の話がしたい」という理由で、なんと、ノムさんと同じマンションに引っ越しまでしていたのです。

ナポレオンの言葉に、「〈尊敬〉を加えたい」と言ったノムさん。

しっかり、リーダーとして、一流選手たちから「尊敬」を獲得していたのですね。

職場の人間関係に限りませんが、この「夢を与える」と「尊敬」は、周りの人たちがついてきてくれるかどうかの重要なキーワードなのです。

職場のツライ人間関係を解消するヒント

「人を育てる」＝「やる気にさせる」

story 10

「人を嫌いになったら○○と思いなさい」

「私は嫌いな人に会ったことがありません。好きになることが、どんなに人を助けるかを知っているから」

映画解説の第一人者として知られた、淀川長治《よどがわながはる》さんの言葉です。

淀川さんのように、大きな心で「嫌いな人がいない」って言えたら、人間関係に悩むこともなくなりそうですね。

ちなみに淀川さんは、どんなに面白くない映画を解説するときも、絶対に「この映画は駄作です！」なんて批判的なコメントをすることはありませんでした。

なぜ、作品をけなさないかについて、淀川さんが、およそ次のようなことを言っているのを聞いたことがあります。

「どんなに脚本が悪い映画でも、出ている役者の1人がすごくイイ演技をしていることもある。あるいは、本筋とは関係のない、ちょっとしたシーンが印象的なこともある。だったら、映画をけなすより、そこにフォーカスして、そこを伝えるようにすればいい」

つまり、どんな駄作でも、「いいところ」をなんとか見つけて、そこを解説するようにしていると……。

なるほど、淀川さんが、「映画評論家」ではなく、「映画解説者」と名乗っていた理由がわかりますね。

私の知人のある女性起業家の話。

子どもの頃から起業家になりたかったという彼女。そんな彼女の夢を知った彼女の伯母さんは、「将来、起業家になりたいのなら……」と、彼女に「人間関係に関するある言葉」を贈ってくれたそうです。

彼女は、小学生のときに聞いた、その伯母さんの言葉をずっと胸に刻み、実践してきたのだとか。

それは、こんな言葉でした。

「人を嫌いになったら、『自分自身に負けているのだ』と思いなさい」

インパクトのある言葉ですよね。

伯母さんの言葉は、こう続きます。

「仕事をしている間は、上司でも部下でも、取引先でも、どんな人ともつき合っていくのだから、嫌いになると自分がつらくなる。でも、どんな人でも1つくらいは良いところがあるはず。もし、良いところを見つけられないとしたら、その時点であなたが負けているのよ」

「美点凝視」という言葉をご存知でしょうか。

「人の短所はさておき、長所だけに注目する」という意味。

彼女の伯母さんは、起業家を目指す彼女に、「美点凝視の精神で人に接することの大切さ」を教えてくれたのですね。

この「美点凝視」の良い点は、「私がアイツを嫌いなのは、アイツの○○が悪いから！」と、他責で終わりにしていない点。

さらに、「他人は変えられないけど、自分の考え方なら変えられる」という、問題解決の原則に則《のっと》っている点も良い。

何しろ、自分の「他人の見方」を変えるだけですから、やろうと思えば、子どもにだって一瞬にしてできるのです。

実は私も、かつて、会社で社内報担当と社長秘書を兼任でやっていた当時、「周りとの人間関係を常に良好にしておくことの大切さ」を実感していました。

広報の仕事も社長秘書の仕事も、実は、周りの人たちに「お願い」をする機会が多いのです。

広報なら社内への原稿依頼、社長秘書なら社内外の人と社長との日程調整など、全部、お願いごと。自分1人で完結できない仕事が意外に多い。

で、本当にとても不思議なことなのですが、1人でも苦手な人や不義理をした人をつくると、必ず、そのすぐあとで、その人に頼みごとをしなくてはならないような事態に陥《おちい》ったのです。

たとえば、「社長同行の日程変更で、もともとあったアポイントの変更を無理にお願いした相手に、次の社内報で原稿を依頼しなくてはならなくなる」など、とても、偶然とは思えない確率でそういう事態に陥りました。

まるで、神様が、「頼みごとをできない相手をつくると、やっかいだよ」と学ばせてくれているのではないかと思えるほどの確率でした。

人間関係で悩まないコツ。

それは、普段から、相手の良いところに目を向けること。

一時の感情の爆発で、嫌いな人や苦手な人をつくらないこと。

仕方なく不義理をする場合は、必ず、その直後に丁寧なフォローを入れておくことです。

さて。第1章では、「会社の人間関係」について、役に立ちそうなエピソードやワザを紹介しました。

最後に、もう1度、人間関係において1番大切なことを繰り返してお伝えします。

それは……。

感謝！

人間関係を円滑にするコツは、これに尽きてしまうと言ってもいい。

「イヤな気持ちにさせてくれて（＝修行させてくれて）ありがとう！」って感謝していたら、どんな相手にも腹が立ちませんよね！

職場のツライ人間関係を解消するヒント

「良いところ」だけを見れば、
みんな「良い人」。

第2章

仕事を「面白くしたい」というあなたへ

映画スターのジャッキー・チェンは、映画による莫大な報酬を
すべて寄付すると公言し、実行しています。「映画の仕事が好きで、
楽しんで満たされている」から、自分は十分ハッピーというわけです。
あなただって、「死ぬほどツラいけど大金がもらえる仕事」と
「面白いけど、そこそこのお金しかもらえない仕事」なら、
後者を選ぶのではないでしょうか？　もちろん最低限の生活費は
必要でしょうが、どうも仕事というヤツは、お金だけがすべてではない
ようで……。第2章は「仕事を面白くする」ヒント集です。

story 11

窓際のブランデーグラス

ある日。

一流ホテルのフロント係であるあなたのところへ、常連客の1人からこんな電話がかかってきたとします。

「いつも私がお世話になっている○○夫妻が、今夜、そちらのホテルに結婚○周年記念の旅行で宿泊する予定になっていませんか。さっきご夫妻と話していて、これから向かうと聞いたんだけど、ご夫妻が着く前に、宿泊する部屋に、私の名前でシャンパンとお祝いメッセージのカードを置いておいてもらえないかな？」

さて、あなたは何と回答しますか？

まさか、「個人情報ですので、宿泊されるかどうかはお答えできません」なんて、頭が固くて融通が利かない回答はしませんよね。

即答で、「かしこまりました。シャンパンのご予算はお幾らくらいでしょうか？」と聞くことができれば及第点でしょうか。

これは、日本の「ザ・リッツ・カールトン ホテル」で実際にあった対応例です。

そのときのスタッフの回答は次のようなものでした。

「〇〇ご夫妻はたしかにご予約されています。では、ご到着の前に、お祝いのメッセージと一緒にシャンパンをご用意いたします。いつもありがとうございます」

やり取り時間はわずか1分。

シャンパンの予算なんて聞きません。

そんなものは、依頼してきた常連客の消費傾向データから想像すればいい。

それよりも何よりも、「お世話になっているご夫婦にサプライズを仕掛けて喜ばせたい」という、このお客様の思いを共有することのほうが大切。

どうやったら、その素敵な「思い」を最高の形で実現できるか。

それが「第一に考えるべきこと」です。


リッツ・カールトンでは、宿泊客が「えっ、どうして?」と驚くサービスのことを「ミスティーク(mystique・神秘性)」と呼んでいます。

リッツのホテルマンたちは、この「ミスティーク(mistake じゃありませんよ!)」をお客に提供するために、常に頭を働かせているのだそうです。


さて。

次は、同じリッツ・カールトンで、前のお客様が使った部屋の清掃をして、次のお客を迎える準備をする「客室係」の女性の話。

ある日、お客様が帰ったあとの部屋を清掃していた彼女。

1人掛け用のソファが窓側を向いていることに気づきます。

このソファは普段はテーブルのほうを向いているはず。

つまり、泊まったお客様が向きを変えたということです。

そして、テーブルの上には、空のブランデーグラス……。


そのお客様が次に宿泊したときも、ソファの向きは窓側に変えられ、テーブルには空のブランデーグラスが……。


あなたが彼女なら、この状況を見てどう思うでしょう。

「ソファの向きを変えたら戻しておきなさいよね！」なんて発想をする人は、仕事を面白くできない人です。

彼女はこう考えました。

「このお客様は、きっと1日の疲れを癒《いや》すために、ソファで夜景を楽しみながらルームサービスのブランデーで1杯やるのが楽しみなんだ！」

「いよっ、名推理！」、なんて言っている場合ではありません。

今度は、あなたが、推理してみてください。

ここまで考えた彼女は、次にこのお客様から宿泊の予約が入ったとき、何をしたと思いますか？

答えは、それこそ無数にあると思います。

そのなかから彼女が選択した「ミスティーク」はこんな内容でした。


ソファは、お客様の手をわずらわせないように、お客様が入室される前から、あらかじめ窓際に向けておく。

そして、テーブルに、次のようなメッセージが入った「ウエルカムカード」を置いたのです。


「○○様こんばんは。ルームサービスではブランデーのご用意が整っております。お電話、お待ちしております」

このメッセージを見た常連客が、クスッと笑顔になるのが目に浮かびます。

ブランデーをサービスするなど、やりすぎていないところもイイ。
事実、このお客様は、この「おもてなし」をとても喜んだそうです。

突然の「シャンパン&メッセージカード」の依頼を「面倒くさい」と思うか、「依頼主と一緒に、ご夫妻の結婚記念日サプライズを楽しみたい！」と思うか。

2度も動かされたソファを見て、「このお客が泊まると、ソファを元に戻すのが面倒」と思うか、「今度、このお客様が来たら驚いてもらおう！」と思うか……。

仕事に「苦しみ」を見出《みいだ》すか、「楽しみ」を見出すかは、あなた次第！
ほんの紙一重、考え方を変えるだけなのです！

仕事を面白くするヒント

相手に「ミスティーク」を仕掛けると、
仕事が面白くなる。

story 12

「肉だ。肉、持ってこい！」

一流ホテルの対応の話の次は、ちょっと危ないお客様もやってくることがある、新宿の某ホテルのレストランでの話。

これは、そのお店でヘッドウェイターをやっていたという人の体験談です。

夜中。子分とおぼしき連中を引き連れ、10人くらいで来店した親分さん。

レストランの奥の席にドーンと座るやいなや、開口一番、こう言います。

「肉だ。肉、持ってこい！」

さあ、もし、あなたがヘッドウェイターの立場だったらどうしますか？

「お肉とは。ステーキでよろしいでしょうか？」と聞きますか？

「お肉は何グラムお持ちしましょうか？」と聞きますか？

「焼き方はどういたしましょう？」と聞きますか？

「お連れさま（子分さんたち）のご注文はいかがいたしますか？」と聞きますか？


経験豊富なヘッドウェイター氏はこう言っています。

「こう言われたら、四の五の言わずに、『承知いたしました！ いつもどおりでよろしゅうございますか？』とだけ聞くのが正解」


こう聞いて、親分さんが「ああ」と言えば、注文はそれで終了。

ここで、トロトロと子分さんたちにまで注文を聞いたりしてはいけません。

「オレはチキンソテーにしてくれ」なんていう、命しらずの子分は1人もいませんから、全員、同じものを出せばいいのです。

では、その「同じもの」とは……？

答えは、**1番高い上等な牛肉をブ厚く切ってミディアムレアで人数分出す！**

その日、親分の「いつもどおり」の内容がわかるスタッフがいなくても、それで正解だと。

明快ですね。

この雰囲気で、「肉を出せ！」と言われたら、「牛ステーキのことだな」と想像できなくてはいけない、とヘッドウェイター氏。

もしかしたら、このご一行。今日、大金が入るような「イイこと」があって、親分が「てめぇたち、ご苦労だったな。肉でも食いに行くか！」というノリで来ているのかもしれないのです。

そんな状況で、間違って「鹿肉のカルパッチョ」なんて持っていったら、あなたがカルパッチョにされてしまいます。

お店で1番高い肉を出すのも必然。

せっかく気分がいいのに、ヘタに親分のフトコロを心配して安物の肉なんか出したら、「なんだ、この肉は！」ってことになってしまいかねない。

そして、焼き方も、好みが分かれるレアはやめて、無難なミディアムレアを選択する。

と、ここで、「ワインもな！」と親分。

一難去ってまた一難！　さあ、あなたなら、どうしますか？

ワインリストを持って行きますか？

肉を食べるのだから、店で1番高い赤ワインを持って行っちゃいますか？

ヘッドウェイター氏の正解は、**「好みが分かれる、赤か白かだけ聞く」**でした。

で、聞いてみたら、なんと、**「ロマネ・コンティの白を持ってこい！」**と。

またまた、難題発生です。

「あの～、ロマネ・コンティは赤ワインですが……」なんて言ったら、ワインのビンで後頭部を強打されて、あなたの頭から赤ワインがふき出してしまいます。

本当に、親分さん（としか思えないお客様）からこう言われたことがあるヘッドウェイター氏は、機転を利かせて「ロマネ地方産の白ワイン」をお出ししたそうです。

実際に、「ロマネの白」なんですから、ぎりぎりウソも言っていません……。

こうして、ヘッドウェイター氏の「想像力を駆使した対応」によって、親分さんたちは、上機嫌のままお店をあとにしたのでした。

極端な例でしたが、**「いかに、お客様の考えていることを想像して、満足してもらうか？」はサービスに携わる人間にとって最大の頭の使いどころ**です。

飲食店へのアドバイスを行ない、自らも複数の店舗をプロデュースするコンサルタントの氏家秀太氏は、ある日、こんな体験をしたそうです。

某ファーストフード店へ1人で行き、自分の会社の社員のために12人分のセットメニューを注文したときのこと。

なんと、店員はにこやかなスマイルとともに、こう言ったのだそうです。

「お客様、お持ち帰りですか？　それとも店内でお召しあがりですか？」

1人なのに、12人分のセットメニューを「店内で食べますか」って……。

この店員、マニュアルを暗唱しているだけで、いっさい、自分の頭を使っていない。これじゃ、おしゃべりする自動販売機と同じ。

仕事は想像力を駆使すれば、途端にゲームになります。

どうせなら、ヘッドウェイター氏みたいに、謎解きゲームを解くように楽しんだほうがいいと思いませんか？

仕事を面白くするヒント

「想像力は、人と人がお互いにハッピーになるために使ってこそ、価値がある」

（元ザ・リッツ・カールトン　日本支社長　高野登氏の言葉）

story 13

大きい石鹸と小さい石鹸

仕事をするときに「想像力を駆使すると楽しくなる」のは、もちろんサービス業だけではありません。

たとえば、販売業。

お客様にモノを買っていただく場合にも、頭を使っている人は、販売という行為に面白みを感じているし、バクゼンと売っている人とでは、売上という成果にも大きな差が出ます。

頭を使って売っている人は、「考えてやった工夫」がズバリと当たれば売上につながるし、気分もイイ。気分がイイから、また次の工夫を考える、工夫するからまた売れる……という**「お金持ちサイクル」**に入ることができるのです。

これからご紹介するのは、「モノを売るとき」に頭を使い、お客様への言葉をほんの少し変えるだけで結果が違ってくる……という話。

たとえば、あなたがある店の店頭に立って高級石鹸を売っているとしましょう。売っている石鹸には、「大きいもの」と「小さいもの」があって、大きい石鹸が売れたほうが、あなたは、より儲けることができます。

ある日。あなたの売り場に1人のご婦人がやって来て、あなたにこう尋ねました。

「よい石鹸があると聞いて買いに来たんだけど、どんな石鹸があるの?」

さて、大きい石鹸を買ってもらいたいあなたは、このご婦人に何と言いますか?

実はこれ、20世紀半ばに活躍した経営アドバイザー、エルマー・ホイラーが書いた本に出てくる話です。

このホイラーさんは、10万5000におよぶセールス用のフレーズを分析し、それを1900万人に対してテストしたというスゴイ人。

「1900万人にテスト」って、あり得ないほどの数字です。

購買者の心理を丸裸にしてしまった人ですね。

さて、話を石鹸に戻しましょう。

「買いに来たんだけど、どんな石鹸があるの？」と聞かれたあなた。

何と回答しますか？

ここであなたが、「大きいほうになさいますか？　小さいほうになさいますか？」と答えたとしたら、お客はたぶんこう言うでしょう。

「そうねぇ……、今回は、小さいほうでいいわ」

では、いったい何と言えば、大きい石鹸を買ってもらえるのでしょう？

セールスフレーズの神様、ホイラーさんの「答え」は次のような言葉でした。

「奥様、石鹸はお徳用にいたしますか？」

お徳用……。お徳用……。お徳用……。（↑エコー）
庶民の心をワシづかみにする、なんと甘美な響きでしょうか！
ホイラーさんが実施したモニタリングによれば、このほんの小さな表現の違いだけで、大きい石鹸の売上は飛躍的に伸びたとのこと。

ホイラーさんは、著書のなかで、自らの体験についても語っています。


ある、とても暑い日のこと。

ホイラーさんは、のどがカラカラに渇いていて、たまらずドラッグストアに入ったのだそうです。

そこでコーラを注文すると、店員はホイラーさんにこう聞いてきます。

「大ビンになさいますか？　小ビンになさいますか？」

この問いに対して、ホイラーさんは、つい、「いつもの習慣」で、小ビンを注文してしまったのです。

そのときは、気分的には大ビンのコーラをグビーッと飲み干したかったのにもかかわらず……。

この体験について、ホイラーさんはこう言っています。

「もし、店員が『大ビンでございますね？』とだけ言っていたら、おそらく私は自動的に『イエス』と答えていただろう」

店員は、暑い道を歩いて来て汗だくになり、どう見てもノドがカラカラになっていそうなホイラーさんを見て、ほんの少し頭を働かせれば良かったのです。

それだけで、大ビンを売ることができた。

なのに、何も考えず、ホイラーさんに余計な選択肢を与えて、儲けそこなってしまった……。

人間は、肉屋から肉を切り分けて買うときに、「これでは多すぎますか？」と聞かれれば、「そうね。もう少し小さく」と答えるもの。

「これで十分ですかね？」と聞かれれば、「そうね。包んで頂戴」と答えるもの。

相手からの質問の言葉1つで、回答は変わってしまうものなのです。


どんな言葉を投げかければ、どんな回答が返ってくるか。

あなたが、モノを売る仕事をしていたり、何かを提案する仕事をしていたりするのでしたら、ホイラーさんのように、いろいろと試してみて、「これは！」というフレーズを探してみるのも一興です。

仕事には、そんな、楽しみ方があるのです。

仕事を面白くするヒント

「販売は科学だ！」

（カリスマ実演販売士・販売アドバイザー　河瀬和幸氏の言葉）

story 14

「これ、まだまだ大丈夫ですよ」

「お客様の購買心理を意識するだけで、面白くなってくる」という話の次は、「お客様から信頼を得る裏ワザ」についてのエピソード。

これは、作家、僧侶、空手道場館長などの肩書を持つ向谷匡史《むかいだにただし》氏が、自宅のカーポート（簡易車庫）の買い換えをしようとしたときの体験談です。

まだ十分に使えるカーポートでしたが、屋根を留めるボルトの周辺が腐食してきたので、いっそ買い換えるか……と考えた向谷さん。

インターネットで市内の「リフォーム会社」を検索して連絡し、「新しいカーポートの見積もり依頼をしたいので来て欲しい」と伝えます。

翌日、軽自動車でやって来たのは、作業着姿の若者でした。

その若者、向谷さんのカーポートを見るなり、その新しさに驚きます。

「これを取り換えるんですか？」

「うん、購入してからそんなに年数は経っていないんだけど、ボルトの部分が腐食しているんだ。強風で屋根が飛んだりしたらイヤなんで……」

「そうですか、ちょっと拝見」

新しいカーポートの見積もりのためにやって来たはずのこの若者。しばらくボルトを丹念に調べていましたが、なんと、ニッコリと微笑みながらこう言ったのです。


「これ、まだまだ大丈夫ですよ」


意外な言葉に戸惑う向谷さん。

それはそうです。

自分は「カーポートを買う」と言っているのに、それを売りに来たはずの相手から「買わなくてもいいですよ」って言われたのですから。

買ってもらえなければ、損をするはずなのに……です。

結局、向谷さんは、「いや、いずれは買い換えるものだから」と言って、この若者からカーポートを買うことにします。

理由は、**「こんな社員がいる会社なら信頼できる」**と思ったから。

向谷さんは言っています。

「今後も、リフォーム関係で何かあれば、この会社に頼もう。いい会社と出会えてよかったと嬉しくなった」

この若者は、**金銭的に損することを承知の上で、正直な提案をしたおかげで、「信用」という「お金では買えないもの」を得た**のですね。

向谷さんがあとから知った情報では、このリフォーム会社、社長が職人かたぎの「たたき上げ」で、市内でも評判のいい会社だったのだそうです。

このリフォーム会社の若者には「お客さんの信頼を得よう」なんていう打算はなかったのだと思います。

純粋に、まだ使えるカーポートが買い換えられることがもったいなかった。

だからこそ、「人を見抜く力」に長《た》けている向谷さんに気に入られたのですね。


さて。

次の話は、何かの本で読んだ、ちょっと「打算」が入ったズルい例。


何人もソムリエを抱える大きなフレンチレストランでの話。

その店で売上がトップのソムリエには、実は秘密がありました。

彼はワインの注文数を増やすために、お客様からの信頼を得る「必殺トーク」を使っていたのです。

フレンチのレストランでは、よく「本日のおススメ」として、メニューに何本かのワインがリストアップされていますよね。

お客様から「今日のおススメのワインは?」という質問があると、そのソムリエ、「おススメワインのリスト」をお客様に見せながら、自分のワインの売上を伸ばすために、いつも、同じトークを使っていました。

どんなトークだと思います？　……それは、こんなトークでした。

「これが本日のおススメワインリストです。こんなことを言うと私が店のオーナーから叱られてしまうので大きな声では言えないのですが、実は、今日は、この1番高いワインよりも2番目のワインのほうが絶対におススメです」

こう言うと、ほとんどのお客様は2番目に高いワインを選んでくれる。

しかも、彼を信用したお客様は、2本目のワインも彼に選ばせてくれるため、1本目で1番高いワインを注文していただけなかった損は、2本目のワインですぐに取り返せる……というカラクリ。

少しズルいトークですが、お客様心理をうまく利用していますよね。

外資系生保のトップ営業、支社長を経て、現在も現役の企業人にしてビジネス書のベストセラー作家でもある早川勝氏は、こう言っています。

「お客は常に本当のことを知りたいだけ。あなたが何か隠していると感じたら決断は先延ばしにされる。メリットのみを強調するのは逆効果。先にデメリットを2つ提示し、そのあとに1つの大きなメリットを伝える、『2：1の配合』が信頼度

をアップさせる」

住宅を売るトップ営業マンの知人も、**「薦める住宅の悪い面も隠さずにちゃんと説明するほうが逆に安心して買ってもらえる」**と言っていました。

「売る」のではなく、「相談相手になる」という気持ちでいれば、自然とマイナス面も説明でき、信用してもらえるそうです。

なかなか売れない人ほど、商品のメリットばかりを強調し、余計に「売れない人」になってしまうのですね。

顧客心理って、知れば知るほど面白いのです。

仕事を面白くするヒント

「こっちの安いほうで充分ですよ」と言う店員は信用される。

story 15

「考え方」の2つのクセ

手塚治虫の名作『ブラック・ジャック』にこんな話がありました。

細かな話は省略しますが、アメリカのサウスダコタに、意志を持ったマザーコンピューターが管理する大病院があるという設定の話です。

そのコンピューターが、自分の故障部分を直す「医者」として、「患者の会話にしばしば登場する名医」、ブラック・ジャックを48時間以内に連れてくるように、人間の医者たちに要求するのです。

マザーコンピューターは、患者たちを麻酔で眠らせて人質にします。

仕方なく、医師たちがブラック・ジャックを探して連絡を取ると、今、マルセイユにいるとのこと。

残りは17時間。これはもう間に合わないか……と思っていると、なんと、ブラック・ジャックはヘリコプターをとばして、あり得ない早さで到着し、こう言うのです。

「医者ってやつはですな。急患の場合には、とるものもとりあえずかけつけるくせがついていましてね。そのかわり、そうとう金をバラまきましたよ」

まだ物語の中盤部分なのですが、子どもの頃に読んだとき、このセリフがカッコよくて、本編よりも印象に残りました。

「ああ、その気になれば、いくらでも手はあるのだな」と感心したのを覚えています。

さて、本題。

たとえば、何かのイベントをやるとき、予算がものすごく少なかったとしましょう。

それに対する反応は、人によって次の2種類に分かれます。

「そんなに少ない予算では、できるわけないよ」と思う人。

そして。

「その予算のなかで、どうやってやろうか」と考える人。

実業家、経営コンサルタントの本田直之氏によれば、これは**「考え方のクセ」**なのだそうです。

本田氏は、「それじゃ、できない」と、「言い訳から入る」人の考え方を**「言い訳思考」**と呼び、「常にどうしたらできるかと工夫する」人の考え方を**「工夫行動思考」**と呼んでいます。

そして、**「人間の考え方のクセ」は「この2種類しかない」**とまで言っているのです。

曰く。

「これはクセなので、言い訳思考の人も、決して、その人が悪いわけではない。性格の問題でも、スキルの問題でもなく、単なるクセ」

「ただのクセではあるけれど、ずっと『言い訳思考』の人と、ずっと『工夫行動思考』の人では、10年、20年の間に『とんでもない差が生まれる』」

ただのクセとは言え、「とんでもない差」がつくとなると、由々《ゆゆ》しき事態です。

でも、ご安心ください。

本田氏はこう続けています。

「性格は変えられないし、スキルも急には上げられませんが、人間の考え方のクセは一瞬にして変えられる」

そうです。

何しろ、ただの「クセ」なんですから、自分が「言い訳思考型」だと気がつきさえすれば、今、この瞬間から変えようと意識することができるのです。「そんな予算じゃできない！」と最初に頭に浮かんだとしたら、すぐに、「いや、工夫すればできるかな……」と、意識して思い直すようにすればいい。

それだけのこと。

では、自分が「言い訳思考型」の人間かどうかは、どうやって気がつけばいいのか……。

たとえば、何か気乗りしないことを人から依頼されたとき、「でも」「だって」「どうせ」など、**アルファベットの「D」で始まる言葉が最初に口から出る人は要注意。**自分は、「言い訳思考人間」かもしれないと疑ってください。

考えてみると、「だけど、どうしても、ダメです」って、全部「D」で始まるのですね。

「言い訳思考型」の人って、発想がネガティブですから、何でもかんでもストレスになりやすい。

いっぽう、「工夫行動思考」の人は、どんな無理難題が降りかかっても、「頭を使えば、何とかなるかな……」なんて、のほほんとしているからストレスもたまりにくい。

さて。

あなたはどっちのクセを持っていますか？

どうせなら、「言い訳思考」よりも「工夫行動思考」のクセを持っていたほうが仕事は楽しくなりそうですし、なんか、長生きできそうですヨ。

仕事を面白くするヒント

「できない言い訳の名人」には、誰もイイ話を持って来ない。

「何とかしてくれる人」には、次々にイイ話が舞い込む。

story 16

答えは1つじゃない

コペンハーゲンのある大学で、物理学の試験に、こんな問題が出題されました。

『気圧計を1台使って、ある高層ビルの高さを算出する方法を説明せよ』

出題したセンセイが要求している解答は、「ビルの屋上と地上の気圧をそれぞれ計って、ミリバールという単位をセンチメートルに置き換える」というもの。

ところが……。

ある学生が、こんな答えを書いてきたのです。

「気圧計に長いヒモを結びつけて、高層ビルの屋上から地上にたらす。そのヒモ

の長さがビルの高さである」


この答えを見た試験官のセンセイは激怒。

学生を落第させてしまいます。

その処置に対し、「答えが正しいことはあきらかである」と落とされた学生が抗議して、結局、「この学生が物理の基本的な知識を持っているどうか」を試すため、第三者をまじえて、面接試験が行なわれることになりました。

面接試験で、最初は一言も発しない学生。

回答をせかされると、「いくつか答えを考えて、どれにしようか迷っていましたが、では……」と言って、次々と「気圧計を使って高層ビルの高さを求める方法」をまくし立てました。


曰く。

「屋上から気圧計を落として、地面に達するまでの時間を計ればいい。ビルの高

さは、H＝0.5×tの2乗の方程式で出る。気圧計は壊れますけど……」

曰く。

「晴れた日に、気圧計の長さと気圧計を地面に置いたときの影の長さを測る。次に高層ビルの影の長さを測れば、比例の計算でビルの高さがわかる」

曰く。

「気圧計に短い糸をつけて、振り子のように動かす。これを地上と屋上の両方でやれば、サイクロイド振り子の方程式を使ってビルの高さを計算できる」


他にも、いくつかの答えを提示したこの学生は、最後にこう言ったのです。

「単に、オーソドックスな解答を、というのであれば、この気圧計で屋上と地上の気圧を計って、ミリバールをセンチに置き換えればいい。**でも、僕たちは常に『自由な発想をして科学に取り組むように』と指導されている。**そう考えると、もっとも簡単な方法は、ビルの管理人に『この気圧計をプレゼントするから、ビルの高さを教えてください』と言うことでしょうね」

いやはや、なかなか痛快な話です。試験官たちのあっけにとられた顔が目に浮かびます。

この学生の名はニールス・ボーア。

のちにデンマーク人として初のノーベル物理学賞を受賞したボーア、その人です。

この話は、「そもそもテストで出題される問題の『答え』なんてものは、単純な計算問題ならいざ知らず、採点しやすいように1つに決められただけであって、『本当の答え』は無限にある」ということに気づかせてくれます。

何しろ、現実の世の中では、1＋1だって、いつも2になるとは限りません。

だから、現実の世界は面白い。

さらに、このボーア君の話。

「本当に高いレベルで理解している人は、固定観念にとらわれない」ということも学ばせてくれます。

ボーア君、まったくもって自由に発想していますよね。

それにひきかえ、頭が凝り固まった試験官たち……。

もし、この試験官たちが「本物の物理学者」だったなら、ボーア君の最初の解答を「それもありか……」と正解にしたのではないでしょうか？


そう言えば、ノーベル物理学賞受賞者の小柴昌俊氏が、「この世に摩擦がなければどうなるか？」という試験の問題に対して、白紙答案を正解にしたというエピソードがありました。

「摩擦がなければ、鉛筆がすべって字が書けないから」というのが正解にした理由。

ただ、この場合は、ボーア君のように、そこまで考えて白紙で出した学生はきっと1人もいなかったと思いますけど……。

「答え」は、本当は無限にある。

これは仕事においても同様です。

1つの手に行き詰まっても、発想を変えれば、いくらでも手はあるはず。

頭をやわらかくすれば、「答え」はいくつもあるのです。

そんな打開策を、ボーア君のように、いろいろと考えるのも、仕事を楽しくする方法の1つだと思います。

仕事を面白くするヒント

「自分が考えている正解」とは異なる解答。
それもまた「正解」である。

story 17

イチローの「次の目標」

昔、馬に乗った人が、乗っている馬の目の前にニンジンをぶら下げて、それを見た馬がすごいスピードで走る……という漫画がありました。

あの発想を、最初に思いついたのは誰なのでしょう？

ぜひ、どこかのバラエティ番組で、「本当にそうなるのか？」を検証してもらいたいところです。

という話はさておき……。

あの「馬にニンジン作戦」。

自己啓発本やビジネス書では、「目の前に小さなご褒美を用意して、それに向けて頑張ると効果的」という話のたとえとして、ときおり登場します。

仕事に面白みを感じないとき。

ベタではありますが、この「小さなご褒美作戦」は、結構使えるものです。

日米のプロ野球界で、偉大な記録を残したイチローは、現役時代のあるとき、記者から「次の目標は?」と聞かれてこう回答しています。

「もちろん、次のヒットを打つことですよ」

彼は、別の機会にはこんなことも言っています。

「1試合終わって良いヒットが打てたら、まずそれで満足する」

イチローの言う「良いヒット」というのがどういうレベルのヒットなのかはわかりませんが、何しろ、通算4367安打を打っているのですから、それなりの回数は「満足」を味わっているということです。

私は、これこそ、イチロー選手が、自分に厳しいトレーニングを課しながら、長年にわたって現役を続けられた秘訣なのではないかと思うのです。

もし、「目標」を、「次のヒット」という小さなものにせず、たとえば、最初の目標を「1000本安打」。それを達成したら次の目標を「2000本安打の達成」と、1000本単位にしてしまったとしたら……。

「1001本目」のヒットも「1002本目」のヒットも、全部、ただの通過点になってしまいます。

1000本ずつを目標にして頑張ったとしたら、4000本もヒットを打っても、たったの4回しか達成感を味わうことができない！

それって、ちょっとツライです。

どうせなら、何回も小さな達成感を味わって、楽しみながらやったほうが長続きするって思いませんか。

勉強法の本などを出している、京都大学の鎌田浩毅教授はこう言っています。

「一流と呼ばれている人は、何か途方もない目標を達成するまで満足しないという、ストイックな姿勢の持ち主だと思っていませんか。

実は違うのです。本当は、彼らは、（大きな目標を達成する前に）『先に満足している』のです。その満足が目標達成を次々と呼び込むのです」

「（小さい目標を達成するたびに）1回1回きちんと満足する事が大切であり、満足する事で次の目標が見えてきます。1つずつ満足して初めて、『もっとこうしたい』という欲が生まれてくるのです」


もちろん、なかには、「高い目標」を立てて、ひたすらに、それのみを目指すほうが合っているというタイプの人もいるとは思います。

オリンピックで2度も銀メダルを取ったのに、それで満足せず、3度目の挑戦でやっと初めての金メダルを手にした柔道の谷亮子さんなどは「頂点こだわりタイプ」の典型ですね。

彼女のように、「自分はぜったいに頂点を極める！」と考えて、その前段階の勝利を最終目標のステップとしか考えないというのも、モチベーションの保ち方として間違ってはいないと思います。

でも、それは、ハガネのように強い精神力を持つ一部の人にのみ許された方法ではないでしょうか。

強い精神力を持っていて、「我慢」を「糧」にできるような人は、高い目標をゴールに設定して、そこに至る道のりをすべて通過点にしてしまうのもアリ。

でも、並の精神力の人は、途中の道のりで、何度も喜ぶ機会を設けたほうがテンションを保てると思うのです。

仕事で言えば、たとえば「年間の売上ノルマ達成」が「最大のゴール」とするなら、「あのお客に買ってもらえたら、自分へのご褒美にウマいワインを開けよう」とか、「新規物件が1件決まるたびに昼飯で天丼を食おう」とか、そんな程度のご褒美設定で十分。

「実行→小さな達成→満足→ご褒美」というサイクルを繰り返しながら、最終目

標へとスパイラルアップ（＝うず巻き型の上昇）していくイメージですね。

達成感は、「小出しに何度も楽しむ」スタンスで。
これが仕事を楽しくするコツです。

仕事を面白くするヒント

「小さなことからコツコツと」

（西川きよし師匠の言葉）

story 18

カレーパイに行列をつくらせた方法

デイル・ドーテンの名著、『仕事は楽しいかね?』のなかに、こんな実話が紹介されています。

サンフランシスコにある紳士服のお店の話です。

売上が伸びず、閉店を考えていたオーナーは、「ダメもと」という思いで、中小企業専門の経営コンサルタントに相談をしてみます。

依頼を受けてこの店を訪れた経営コンサルタントがオーナーに告げたアドバイスは、次の3つでした。

① 店のなかにある、あらゆる商品を並べ替える。

② 開店時間を10時から7時半に変更する。
③ 熱帯魚の入った大きな水槽を店内に置く。

「このコンサルタント、頭がおかしいのでは……」と思いながらも、オーナーは、この3つのアドバイスを実行してみます。

すると……。

なんと、売上がたちまち30パーセントもアップしたのです。

売上アップのカラクリはこうでした。

まず、1つ目。あらゆる商品を並べ替えたのは、お客様に、「あっ、この店、商品が入れ替わった」と錯覚させるため。お店って、ウインドウから見える商品の配列が変わっただけで、新装開店のように見えるものです。

2つ目。営業時間を変えたのは、通勤途中のビジネスマンをお客様として取り込むため。10時の開店では、「出勤前のビジネスマン」というお客様をすべて逃《のが》していたのです。

そして、3つ目。大きな水槽の設置。これがもっとも意味不明なアドバイスなのですが、その理由は……。

大きな水槽が店内にある紳士服の店なんて、見たことがないから！

つまり、「他と違う店」になるための工夫だったのですね。

もっと言えば、おもて通りから店内を見たとき、お客様に「店で何かが起こっているぞ」と思わせて、それを「確かめたくさせる」のが狙い。

設置してみると、お客様だけでなく、店員たちも面白がって、水槽にハシゴをもたせかけてマネキンを置き、マネキンが金魚を狙っているように見えるディスプレイにしたりした。

なんと、この水槽。お客様の興味を引くだけでなく、店で働く店員たちの意識までもクリエイティブなものに変えてしまったのです。

この3つの改革で、かかった費用は、ほぼ水槽代だけ。

オーナーは大きな出費をすることもなく、閉店の危機を脱したというわけです。

さて、お次は、日本での話。

今度は、**ビタ一文使わずに、アイデアだけでお客様の行列を作った例**です。

仕掛人は、放送作家で、脚本家で、企画会社の社長で、私の心のメンターの1人でもある小山薫堂《くんどう》氏。

ちなみに、薫堂さんは企画を考えるとき、いつも、次の3つを自分に問いかけるそうです。

「それは新しいか？」

「それは誰を幸せにするか？」

「それは自分にとって楽しいか？」

この3つを問いかけて、すべてがイエスなら、その企画はGO！

そんな考え方から、自分が代表をつとめる企画会社の受付で、パン屋さんやテキーラバーを開店するなど、自由な発想で仕事を楽しんでいるのです。

さて。

そんな薫堂さんが、あるイベントで、カレーパイを販売したときのこと。

店を出したのですが、最初は、これがぜんぜん売れませんでした。

いくら「焼きたてあります」なんて看板を出しても、お客さんはお店の前を通り過ぎるばかり。

そこで、コピーライターでもある薫堂さん。

お客様の心理を巧みについた看板を出したのです。

すると、店の前に行列が……。

あなたには、薫堂さんが看板に何と書いたかわかりますか？

薫堂さんが店頭に出した看板。

そこには、こんな言葉が書かれていたのです。

「あと、20分で焼き上がります」

そして、その後、「あと、10分」「あと5分」とカウントダウンをしていったのです。そうしたら、看板を見て「もうすぐ、焼き立てのパイができるのか」と思ったお客様が並び出して、あれよあれよという間に行列になってしまったのだとか。

先の紳士服の店の話もそうですが、ウソのような本当の話。

アイデアさえあれば、お金をかけなくてもピンチを脱することができます。

仕事で頭を使うと、本当に面白いことを起こすことができるのです。

仕事を面白くするヒント

アイデアは、1万個出しても、無料《タダ》！

story 19

ワーグナーの感謝大作戦

「仕事が面白くない」

そういう人に、その理由を尋ねると、多くの人はこんなことを言います。

「やりたくもない仕事をやらされている」

まあ、会社にとっては、手持ちの戦力（＝従業員）を活かして「いかにして業績を出すか」を最優先にしているわけで、その人の長所を活かせる部署に配属するところまではなんとか考えても、本人の仕事の「好き嫌い」まで考慮するほどの余裕はありません。

極論で言えば、自分がやりたい仕事を好きにやりたかったら、自分で起業するしか方法はないわけです。

とは言え、起業なんて、簡単にはできませんよね。

ここはひとつ、考え方を少し変えて、自分が「面白くない」と思っている、今の仕事に「面白み」とか「価値」を見出していくほうが賢いのでは……。

さて。

ここで突然、クラシック音楽の世界の話。

バッハだとか、モーツァルトだとか、昔の名のある作曲家には、パトロンと呼ばれるスポンサーがいました。

パトロンは、国王とか貴族とか、要するにお金持ちのこと。

作曲家たちは、彼らの依頼に応じて、作曲をして広間で演奏会を開いたり、オペラを上演したりしていたわけです。

もちろん、楽曲はパトロンを楽しませるためのものというのが前提になります。

パトロンから依頼をされれば、作りたくもない曲を作ることだってありました。

「余は、管弦楽にはもう飽きた、今度は、泣ける演歌が聴きたいぞよ」と依頼があれば（そんな依頼はありませんが……）、「はい、喜んで！」って、『ベルサイユ宮殿冬景色』とか、演歌を作らなければならない立場だったわけです。

ドイツの偉大な作曲家、ワーグナーもまた例外ではありませんでした。

パトロンから、やりたくもない作曲の依頼を受けることがある作曲家の1人だったのです。

でも、彼は、**作りたくもない曲を作れと言われたとき、常に、その依頼のなかに「感謝」を見つけるようにしていた**のだそうです。

「この依頼のおかげで、自分ではぜったいに手を出さないジャンルの音楽の勉強になった。ありがたや～」とか。

「この依頼のおかげで、新しい作曲の技法を学ぶきっかけができた。ありがたや

〜」とか。

そんな具合に、何とか「感謝の対象」を見つけ出していたのです。

この**「ワーグナーの感謝大作戦」**、現代の会社員にも大いに使えると思うのですが、いかがでしょう。

たとえば、ハクション大魔王のように、「泣けてくるくらい」に数字が苦手な人が「経理」の仕事をやらされていたとしても、会社経理の基本、「貸借対照表（バランスシート）について学ぶいい機会だ」と思うことができます。

人と会うのがすごく苦手な人が「営業」の仕事をやらされていたとしても、「人見知りを克服するのに、いいきっかけになる」と考えることができます。

やりたくもないことに、「価値」を見出す。

「おもしろき　こともなき世を　おもしろく」（高杉晋作の辞世の句）の精神です。

実際、起業して成功した人が書いた本を読むと、「不本意だった会社員時代」に「仕事でイヤイヤ学んだこと」が、起業してから役に立ったとか、偶然に学んでいたことが起業してから役立ったとかいう話がしばしば出てきます。

たとえば、あのスティーブ・ジョブズは、大学でカリグラフィ（文字デザイン）について熱心に学んでいました。

この、一見古臭い知識が、後に、パーソナルコンピューター「マッキントッシュ」における、文字のフォントへのこだわりにつながっています。

何も、将来、起業しろと言っているわけではありません。

今、イヤイヤやらされている仕事のなかにも、探せば、長い目で見て、あなたの人生に役立つ何かが隠されているはず……ということです。

「与えられた仕事」でも、努力して続けていれば、身につきます。

そして、身につきさえすれば、将来、「あのときにイヤイヤ覚えた○○が、今、すごく役立っているんだよ」と言う日が必ず来ます。

かく言う私も、会社員時代、広報として社内報づくりを担当していたことが、今、本の原稿を書くとき、編集者目線で「編集しやすい原稿」を作成する上でものすごく役立っています。

社内報を作っていたときには、まさか、こんな日が来るとは、想像もしていませんでした。

あなたも、もし、今やっている仕事（あなたにとっては「やらされている仕事」かもしれませんが）が「面白くない」のなら、ワーグナーのように、ちょっと強引に「感謝の対象」を見つけてみてはいかがでしょう。

その「感謝の対象」は、「未来のあなたの財産」になるかもしれません。

仕事を面白くするヒント

「遊びは、芸の肥やし」

（昔の芸人が毎晩遊ぶ言い訳としてよく言っていた言葉）

story 20

「苦節〇年」のウソ

今までの話を、ちょっとまとめてみましょう。

まず、「仕事は、それがたとえどんな仕事でも、相手を観察したり、先を読んだりして、想像力をフル回転させれば、深く、面白くなってくる」という話をしました。

ある起業家は、アルバイトで皿洗いをしていたとき、「どうやったら早くきれいに洗えるか？」「次工程の人の仕事を考えたら、洗い終えた皿をどうやって並べておくのがよいのか？」などと、考え抜いて仕事をしていたそうです。

「仕事のモチベーションを保つためには、あまり大きな目標にこだわらずに、『自分だけの小さな目標』を喜ぶのがよい」という話もしましたね。

テレビ局に勤めるある人は、コマーシャルをどの順番で放送するかを決める部署に配属されてしまい、仕事に面白さを見つけることができずにいましたが、発想を変えて、「同じ部署にいる、普段、まったく笑わないおばちゃん」を笑わせることを自分の目標にしたそうです。

自分の仕掛けで、そのおばちゃんが、ニヤリとしたら、心のなかで「勝った」と思う。そのおばちゃんを幸せな気持ちにさせて、自分に「ありがとう」と言わせることをゴールに定めて、日々、楽しんでいるとか。

こんなことでも、将来、彼が番組の演出をするようになったとき、「あの頃、毎日、おばちゃんを笑わせることを楽しんだのが、ボクの番組づくりの原点です」なんてインタビューで答える日が来るかもしれません。

小山薫堂氏も、**「自分のなかで（仕事の通常のノルマ以外に）もう1つ身近な目標を設定することで、ぐっと仕事が面白くなると思う」**と言っています。

「ただ単に仕事をこなすのではなく、ちょっとしたアイデアや工夫を取り入れていくと、『面白み』が出てくる」という話もしました。

もちろん、自分で工夫を取り入れていくためには、その仕事を普通にこなせるようになる必要があります。

基本ができていて、初めて工夫する段階へと進めるのですから。

『就職ジャーナル』や『とらばーゆ』など、就職雑誌の編集長を経て独立、フォーチュン誌が選ぶ「ビジネス界最強の女性ランキング」のアジア部門1位（2001年）になったこともある著作家の松永真理さんはこう言っています。

「仕事の95パーセントは繰り返しのルーティンワーク。でも、残りの5パーセントをどう膨らませるかで仕事を面白くできるかどうかが決まる。どこかに面白い仕事がないかと探すんじゃなく、目の前の仕事を面白くする方法を探す事の方が重要。楽しい事をするんじゃなくて、する事を楽しんでみる。こっちの方が知的だし、ずっと豊かな人生になると思うんです」

さて。

第2章の最後は、「苦節〇年」という言葉についての話です。

秋元康氏が「AKB48」をスタートさせてから、ブレイクするまでに約4年かかっています。

彼がこのプロジェクトを始めた当時、多くの人たちから、こんなことを言われたそうです。

「秋元さん、秋葉原なんて人気のグラビアアイドルが握手会をやったって50人から100人しか集まらないんだから、絶対に当たらないよ」

でも、いざヒットすると、途端に「4年間、苦労して本当によかったですね」と言ってくる。

そう言われると、秋元さんはこう返したといいます。

「苦労と思ってないから」

周りからネガティブな意見を言われてもまったく耳に入らず、「今度はどうするかな、そうだ、ジャンケン大会をやろうかな」なんて、毎日、ワクワク感だけしかなかったのだとか。
よく、何年も下積み時代を経て、ようやく成功した人に対して、「苦節○年」という言い方をしますよね。
でも、それって、周りから見たイメージでしかないのです。
当のご本人は、ぜんぜん「苦節」と思っていないことも多い。

ある経営コンサルタントも、アメリカでＭＢＡ（経営学修士）の学位を取るために、勉強とアルバイト漬けの極貧の日々を送り、「人からよく、『たいへんでしたね』と言われるけれど、ぜんぜん苦労ではなく、むしろ楽しかった」と言っています。

成功をおさめる人は、周りから見れば「苦節」に見える状況のなかでも、実は、しっかりと楽しんでいるものなのです。

それは、今、やっていることのなかに「未来」を見ているから。

つまらないと思える仕事のなかにも、「未来への種《たね》」や「明日への糧《かて》」を見つけることはできるはず。

まずは、それを見つけることから始めてみませんか。

今、やっている苦節の日々が、突然、「未来への種まきの日々」に変わるかもしれません。

仕事を面白くするヒント

「仕事が楽しみならば、人生は極楽だ。仕事が義務ならば、人生は地獄だ」

（ロシアの作家　ゴーリキーの言葉）

第 3 章

仕事が「重い」というあなたへ

「仕事のノルマがプレッシャー」

「大きなプロジェクトを任されて荷が重い」

「新しい職場で仕事が変わってしまって不安」などなど。

そんな悩みを抱えるあなたは、きっと、とてもマジメで
正直な方なのですね。

でも、張りつめた糸は切れやすい。

第3章では、「ゴムのように自由で柔らかい心」を持つための
ヒントを集めてみました。

story 21

伝説の紙ナプキン

ある日突然、大きな仕事を任されたあなた。

上司から「まず、計画案を出してよ」と言われて、あらゆるケースを想定して考えているうちに、だんだん頭のなかがゴチャゴチャしてきて、結局、1週間経っても、できたのは計画案の表紙だけ……。

あなたがマジメならマジメなほど、ありがちな事態です。

第1章でもご登場いただいた、『100円のコーラを1000円で売る方法』（中経出版）の著者、永井孝尚さんは、IBM時代、アメリカ人と一緒に何度もプロジェクトを進めた経験があるそうです。

そのとき、永井さんが戸惑ったのは、アメリカ人たちが、実に「テキトー」にプロジェクトをスタートさせてしまうこと。

何しろ、だいたいの方向性を決めたら、とりあえずスタートを切ってしまう。

そして、あらかじめ、途中経過をチェックする日を決めておき、その日に、必要なら軌道修正をする。

しかし、このチェックの段階においても、ほとんどが口頭による説明のみで、永井さんが「途中経過の詳しい資料」を持って行こうものなら、「日本人はマメだ！」と驚かれたというのです。

とりあえず始めてみて、走りながら、不具合があれば修正していく。

そんな進め方なのですね。

永井さんがプロジェクトの責任者（アメリカ人）に、半年後のプランを聞いても、**「だいたいこんな感じ……」**と、大まかな方向性しか答えてくれない。

不安になって、「こんなことが起こったらどうしますか？」「こうなった場合のシナリオは？」などの質問をすると、こんな回答が返って来るのだとか。

「グッド・クエスチョンだね。でも、決まってないんだ。いい視点だから、ぜひ、検討してみよう。ありがとう」

そもそも、アメリカがこのようなスタイルでプロジェクトを進めるようになったのは戦争がきっかけだったのだそうです。

あらかじめ詳細な戦術計画をきっちり立てて戦った部隊よりも、大まかでも柔軟性を持って臨機応変に変えられる戦術を立てて戦った部隊のほうが勝つ確率が高かった。

そのことから、「大ざっぱな計画」→「すばやい実行」→「結果を見て、必要なら柔軟に修正」という考え方が定着したのだとか。

さて。

そんな、「アバウトな計画」でスタートし、成功をおさめたのが、格安の航空会社として知られ、その画期的なビジネス手法がたくさんメディアで取り上げられているサウスウエスト航空です。

その本社には、額に入った「1枚の紙ナプキン」が飾られているそうです。

実は、この紙ナプキン。

サウスウエスト航空の創業者たちが、とあるバーで議論しながらビジネスのアイデアをメモしたものなのです。

「各都市間を格安で飛行機を直結させる」

「予定時間どおりに運行する」

「便数が多い」

これらを実現すれば、乗客は「バス感覚」で飛行機を利用するに違いない！

……などと、酒を飲みながら話し合い、運行パターンを短時間で書きなぐっただけのもの。

言ってしまえば、「飲み屋での雑談をメモしただけの紙切れ」ですね。

そのたった1枚の紙ナプキンが、サウスウエスト航空の企業の基盤となったというのですから、アメリカらしい話。
正に、伝説の紙ナプキンです。

先の永井さんは、これらのアメリカの企業での例などを踏まえ、こんなことを言っています。

「3か月で作る完璧な戦略ではなく、半日で立てた仮説が成功をもたらす」

そして、田坂広志氏の著書『まず、戦略思考を変えよ』(ダイヤモンド社)から引用し、**「戦略を立てるときは、山登りではなく、波乗りを意識するとよい」**と言っているのです。

つまり、変化の激しい現代では、山に登ろうと考えて綿密に計画を立てても、登ろうと思っていた山が、ある日、突然、谷に変わってしまうことがある。
だから、刻々と変化する「波」に乗っているつもりで、「行きたい方向だけ決めたら、あとは波の形の変化に合わせて瞬時に自分の体勢を変化させて対応する」のが望ましい……と。

フェイスブックの創始者、マーク・ザッカーバーグは、**「完璧を目指すより、まず終わらせるほうがいい」**と言っています。

まず、スタートして形にしてみる。

そして、山登りより、波乗りの要領で変化させていく!

変化の激しい現代では、こんな発想のほうが対応できるし、へんなプレッシャーもかかりません。

自由で柔らかい心を持つためのヒント

「今日、実行するベターな戦略は、明日、実行するベストな戦略よりも勝る」

(アメリカの軍人　パットン将軍の言葉)

story 22

アヤパンの「おまじない」

「好きな女性アナウンサーランキング」で、第1回から5年連続で1位に輝き、殿堂入りを果たしたという、元フジテレビアナウンサー、アヤパンこと高島彩アナウンサー。

2010年にフジテレビを退社後は、フリーアナウンサーに。結婚、出産後の今も、情報番組などで活躍をしています。

場の空気を読み、ゲストを引き立てる気くばりは、『めざましテレビ』に出ていた頃からグンを抜いていて、「気くばり」に関する本を出版しているほど。

生放送の経験が豊富な彼女ですが、大きなイベントの司会を任されたときなどは、ずっと緊張していたそうです。

そんなとき、彼女は、リラックスするために、決まって新人研修のときに先輩から聞いた言葉を思い出すようにしていたのだとか。


あなたも、仕事で「人前に立って話をする」機会があることと思います。

「人前で話す」って、苦手な人にとっては、本当にツライですよね。

お客様へのプレゼンやイベントの進行など、ステージへ向かうときは、死刑台へ歩いているような気分になることと思います。


アメリカでは、小学生の頃から人前でスピーチをする機会があります。

ほら、スヌーピーが出てくる漫画、『ピーナッツ』のなかで、ときどき、チャーリー・ブラウンが黒板の前に1人で立ってクラスの皆に野球の話なんかをしゃべっているシーンがあったではないですか。

あんなふうに、「子どもの頃から慣れさせておいてくれればよかったのに……」なんて、グチっても仕方ありません。

では、アヤパンさんが先輩から聞いた言葉を紹介する前に、私が今までに本で読んだり、人から聞いたりした、「人前で話すときにアガらないようにする方法」のなかから、自分でやってみて効果があったものをご紹介しましょう。

○出だしと最後の文句だけは完璧にしておく

出だしがうまく行くと気分が楽になるもの。あとは、最後の言葉を決めておけば、スムーズに引っ込むこともできます。

○自分が話す場所（会場）を、事前に下見に行く

これはプロの講演者も可能な限り行なっている鉄則。「えーっ、会議室って聞いていたのに、こんなに広い会場だったのー」と当日に驚いたら、もう、雰囲気に飲まれてメロメロです。

○事前に聴衆の傾向を知っておく

事前に、話を聞いてくれる人たちの年齢層や男女比を知っていれば、それに合わせて、より効果的なプレゼンができます。役員クラスの人たちの前で、若者にしかわからないジョークを言ってしまって、場の空気がズシッと重くなるような事態も避けられます。

○アガってきたら、「いい感じでテンションが上がってきた」と思う

人前に出る前に、アガッてきたら、「アガっている」のではなく、自分で「アゲている」と思うのです。ちなみに、「アガる」のは萎縮してしまってよくありませんが、「緊張する」のは、本来は良いこと。「適度な緊張」は普段以上の力を発揮させてくれますし、面接などでは、なれなれしい態度よりも、緊張しているくらいのほうが、面接官は良い印象を持ってくれます。

○聴いている人たちは、基本的に自分を応援してくれていると思う

昔は、「聴衆はカボチャだと思え」なんて言いましたけど……。仲間だと思ったほうが効果的です。あなただって、自分が聞く立場で、話し手の人がアガリまくっていたら、「頑張れ〜」って思うでしょう。

○会場のなかに、「自分の話にうなずいてくれている人」など、味方を1人見つけて、その人に話すようにする

これ、効きます……。自分の話にうなずいてくれる人、天使に見えます。

では、そろそろ、アヤパンさんが、先輩から聞いて、ずっと心にとめている、人前でしゃべる前にリラックスするための教えです。
それは、こんな言葉でした。

「マイクの前では、日本一うまいアナウンサーだと思いなさい。マイクを離れたら、日本一ヘタなアナウンサーだと思いなさい」

彼女は、大きなイベントのとき、マイクの前に立ってアガってきたら、この言葉を思い出して、「私がこんなところで緊張するわけないじゃない」と自己暗示をかけるそうです。
そして、最初のひと言がちゃんと出たら、「ほら、やっぱりできたでしょ」と心のなかで笑うとのこと。

この「自己暗示による勘違いの自信」というのは効果的ですね。
ある落語家によると、それまでパッとしなかった噺家《はなしか》の「芸が化ける」きっかけは、「自信」なのだそうです。

テクニックよりも何よりも、本人が自信を持つと、突然、芸が変わると。「自己暗示」だろうが「勘違い」だろうが、いかに「自信を持つこと」が大切なのかがわかります。

もちろん、いざというときのおまじないとして「日本一うまい」と思うのは効果的ですが、ずっと「実体を伴わない自信」を持ったままでは、ただのナルシスト。

さっきの先輩の言葉でも、ちゃんと「マイクを離れたら、日本一ヘタだと思え」と、「日頃は、ちゃんと努力と勉強を！」とクギを刺していますよね。

自由で柔らかい心を持つためのヒント

準備は悲観的に。実行は楽観的に。

story 23

回転寿司のサーモン

あなたの好きなお寿司のネタは何ですか？

「好きな寿司のネタ（本当はタネのほうが正式らしい）は何？」というアンケートを取ると、いつもテッパンの強さを誇るのがマグロ。

そして、女性客に限っては、サーモンが1位になることがあるそうです。

寿司の王者、マグロの地位を脅かすほど人気の高いサーモンですが、実はこのサーモン、昔は決して寿司屋さんでは使われることのない魚だったそうです。

そもそも、昔は、安全性から「サケは加熱して食べる魚」でした。

日本で生のサーモンが食べられるようになったのは、ノルウェー産のスモークサーモンの普及が1つのきっかけ。

しかし、生サーモンの輸入が始まり、お寿司屋さんへ売り込みがかかるようになっても、伝統的な有名店ほどサーモンを忌み嫌い、決してネタに加えようとはしませんでした。

そんなサーモンに注目したのが回転寿司業界です。

回転寿司のお店が、サーモンに注目した最大の理由は、ネタのバリエーションを増やしたかったから。

普通のお寿司屋さんは、そんなにネタの種類が多くなくても大丈夫なんです。カウンターのお客様には、その日のいいネタで「ひととおり」を食べさせればいいし、出前は定番のネタを桶に詰めればいい。

でも、回転寿司はそれではダメ。

たくさんの種類のネタが回っていないと、すぐに飽きられてしまうのです。

あなただって、回転寿司のお店に入って、ネタが10種類しか回っていなかったら、そんなお店には2度と行かないでしょう。

さて。

何ごとにおいても、先駆者というのはいるもの。

回転寿司業界において、勇気を持って、最初にサーモンをラインナップに加えたのは回転寿司店「平禄寿司」経営者の濵盛《はまもり》涉《わたる》という人でした。

濵盛さんは、サーモンを使い始めた当時を振り返ってこう言っています。

「最初は、1日に3皿から5皿、そんな程度で、サーモンはほとんど出なかったですよ」

にもかかわらず、なぜ、濵盛さんはサーモンを使い続けたのか……。

答えは簡単です。

自分で食べて美味しいと思ったから！

「こんなにウマいんだから、そのうちきっと売れるようになる」と、自分の舌を信じたのです。

売れる営業マンに共通するのは「自分が売る商品を、まず自分が気に入っている」ということ。

商品なら、まず自分で使ってみる。

お寿司なら、まず自分で食べてみる。

その良さを自分で知っているから自信を持って売ることができる。

人がいくら反対しようが、「自分が良いと思ったこと」は、他人に迷惑がかからないのなら、やってみればいいのです。

それこそ「勘違いの自信」でも「思い込みの自信」でもいい。

イチローはこんなことを言っています。

「第三者の評価を意識した生き方はしたくない。自分が納得した生き方をしたい」

他人に振り回されなければ、仕事においても自由になれます。

ただし。

仕事において「自由」を勝ち取るのには条件があります。

では、最後に、イチローがテレビ番組のなかで自ら挙げていた、「自分のやり方を貫くための4か条」を紹介しましょう。

① **自分自身の自己評価が、1番厳しいこと**
② **結果を出すこと**
③ **その上で、言葉で説明できること**
④ **自分の可能性を広げるために、自分で自分を教育していくこと**

いかがですか。

少しハードルは高いですが、この4つを守っていれば、あなたは仕事についても「自由」になれます。

外部からの余計な茶々に悩まされることはありません。

たしかに、結果を出している営業マンは、定時に退社しても、なんの文句も言われませんよね。

私の知人にも、定時内の勤務で結果を出すことで、会社に籍を置きながらも、会社から自由になっている人がいます。

自分で自分にプレッシャーをかけて結果を出せば、自分以外の人からのプレッシャーから解放されるのですね。

自由で柔らかい心を持つためのヒント

「条件」さえ満たせば、「自分基準」で行ける。

story 24

お好み焼き屋「のろ」の秘密

東京の赤坂にある人気店、「お好み焼き　のろ」（広尾《ひろお》から移転）。

このお店は、もともと芸人の野呂祐介さんが、島田紳助さんに創業資金の一部（20パーセント）を出してもらって誕生したお店です。

その誕生秘話について、紳助さんがその著書に書いています。

そもそも、最初にお店を出した広尾の天現寺《てんげんじ》という場所には、東京でナンバー1と言っても過言ではない人気のお好み焼店、「ぼちぼち」（現在、広尾店は閉店）がありました。

紳助さんは、野呂さんのお店を、なんと、この「ぼちぼち」から6メートルしか離れていない場所に出店させます。

普通なら、お好み焼きのド素人にこんな場所に出店させるほうがおかしい。

でも、紳助さんは、「人気店の近くなら、ダマっていてもお好み焼きを好きな人がやってくる。そこで、ぼちぼちさんに負けないいくらい美味しくて、ぼちぼちさんとはぜんぜん違うお好み焼を出せば、必ずお客は来るようになる」と考えたのです。

紳助さんには確固たる自信がありましたが、問題は店を出すことになった野呂さんのほうです。お店のオープンに向けて、どんなメニューを、いくらくらいで出せばよいかなど、とにかく何もわからない。

困った野呂さん。

いったい、どうしたと思います。

なんと、すぐ目の前のライバル店、「ぼちぼち」さんへ、「お店のオープンの仕方」を教わりに行ったのです！

「今度、6メートル先に店を出すんですけど、お店の出し方、教えてください」

本当にこう言って訪問したというのですからスゴイ。

あり得ない話ですが、そこは怖いものなしのド素人……、いや、常識知らずの天然ボケ芸人です。

「すんませんけど、この料理はどうやって作るんですか?」

「一品料理も出してはるけど、原価率はいくらくらいなんですか?」

と、お店の企業秘密について、あっけらかんと質問したのですね。

偉かったのは、聞かれた「ぼちぼち」の当時の店員さんたちです。

普通なら、「ふざけるな!」って、追い返してもおかしくないのですが、この珍客の「正直さ加減」をすっかり気に入ってしまったのです。

そして、何も包み隠さず、いろいろなノウハウを教えてあげた。

たとえば、開店前は、ランチもやろうとしていた野呂さんに対して、「ウチもやってみたけど、この辺りでランチをやってもあまりお客は来ない」と、貴重な体験を教えてくれるなど、本気のアドバイスをしてくれたのです。

そして、野呂さんのお店のオープンの日には、お祝いの花まで贈ってくれたのですから、本当に器が大きい。

さて。

次も芸人さんのお店の話。

お笑い芸人としてよりも、焼肉屋さんのほうが本業になっている感のある、たむらけんじさんも、野呂さん同様、スタートはド素人でした。

彼の1軒目のお店、「炭火焼肉たむら」は、もともと彼の奥さんの母親がこじんまりとやっていたお店。

ちょっとしたトラブルの解決策として、この焼肉店を引き継ぐことになった、たむらさんは、「飲食店は長く店を閉めるとお客が離れてしまう」と考え、2週間で店を引き継ぐことを決めます。

死ぬような思いはしたものの、たった2週間で新装開店できたのは、彼が何のテライもなく、「ド素人です！」と開き直って、プロたちを頼ったからでした。

まず、肝心の「お肉」は、熱いハートを持つ食肉工場の社長さんに事情を説明し、1000円で出せる最高のカルビを卸してもらうことに成功。

野菜は、「野菜芸人」と呼ばれ、八百屋も経営している芸人仲間から美味しい野菜を仕入れるルートを構築。

そして、キムチは先輩芸人が太鼓判を押す美味しいキムチを、その先輩の口利きで仕入れられるようになったのです。

素直に「人に頼らなければ」とても2週間での開店は無理だったでしょう。

この2人の芸人の成功は、「自分は素人」といい意味で開き直ったこと。そして、**あっけらかんと、経験者を頼ったおかげでした。**

経験者に教えを乞えば、1人でゼロからやるより、ずっと早く、しかもいい形で実現できます。

会社での仕事も一緒。

「それじゃ先輩は越えられない」なんて堅いことは言わず、プレッシャーで悩むくらいなら、とっとと答えを聞いてしまいましょう。

その上で、少し余裕が出たら、教わったことを基本に、自分なりの工夫や付加価値をプラスすればいいではありませんか。

仕事の効率的な進め方についての本でも、この「人に聞く」という方法は「時間をショートカットするワザ」として奨励されています。

それに、「教えてください」って素直に言われれば、言われた相手も悪い気はしないもの。

特に、成功している人は、「世の中は共存共栄のほうがうまくいく」ことを知っていますから、重要なノウハウまで気前よく教えてくれるものです。

自由で柔らかい心を持つためのヒント

「悩む」よりも、
「聞く」ほうが100倍速い。

story 25

古田のバッティングフォーム

前の項で、「わからなければ聞けばいい」と言いましたが、では、「聞けないとき」はどうすればいいのでしょ？

答えは簡単。

聞けなければ、真似すればいい！

「すべての芸術は模倣《もほう》から始まる」

「すべてのアイデアは、すでにあるアイデアの組み合わせでしかない」

という言葉があるではありませんか。

「真似すること」もまた、「聞くこと」と同じく、恥ずかしいことではありません。

無駄に悩むくらいなら、「うまくいっている人」「過去にうまくやった人」の真似をするのは、とても「頭の良い手」です。

野村克也監督にキャッチャーとしての英才教育を受けて、ヤクルトスワローズの黄金時代を支えた古田敦也さん。

「メガネをかけた選手は一流になれない」というプロ野球のジンクスをくつがえし、監督にまでなった名選手です。

にもかかわらず、かなりのプロ野球ファンでも、「現役時代の古田選手のバッティングフォームを思い出せ」と問われたら、「あれ、どんなフォームで打っていたっけ？」と思うのではないでしょうか。

それもそのはず。

古田さんは、自分のバッティングフォームをしょっちゅう変えていた選手だったのです。

研究熱心な古田さんは、「この人のバッティングはすごい」という選手がいると、とりあえずそのフォームを真似して試してみたそうです。

彼は、自分の著書のなかでこう言っています。

「(真似するのが難しそうな選手のフォームでも) ぼくはとりあえずやってみようとトライします。なんとか本物に近づくように実際にやってみる。身体の使い方1つとっても新しい発見があり、学ぶところが大きいからです」

古田さんは、いろいろな選手のバッティングフォームを実際に試してみて、1つひとつを自分の財産にしていたのです。

彼はさらにこう言っています。

「『自分のスタイルはこれ』と頑固になるより、状況に応じて次の手を出せるやわらかな発想。ぼくはこちらを優先しました。(中略) 変化に対応できない人は成長できません」

古田さんは「真似すること」で、自分の「手持ちのカード」を増やしていた。

もちろん、「手持ちのカード」を増やすといっても、「あるときはイチロー選手のフォームで打ち、また、あるときは落合博満選手のフォームで打つ」というわけではありません。

そうではなく、まず、実際にそっくりに真似てみて、その「打ち方」のメリットやデメリットを理解し、その上で自分に合っているかどうかを判断して、「活かせるところ」だけをいただいていく。

言わば「オイシイとこ取り」、私が書く本のようなものです（笑）。

仕事でも同じ。

何だか、すごくたくさんの仕事を抱えていて、忙しいはずなのに、定時になると「お先！」とか言って帰ってしまう。それでいて、結果はきっちり出している……とそんな人っていませんか。

あるいは、何だか、見た目はさえなくて、会社ではボーっとしているように見えるのに、次々と大きな商談をまとめてしまう営業マンとか。

そんな人に、直接、「どうやってんの？」と聞けない場合は、その人の「行動」

を観察して真似るのです。

その人からメールが届いたら、「ああ、こういう文面になっているから、たった1回のやり取りですべて終われるのか……」とか、お客様と電話をしていたら、「電話の切り際のあのひと言が相手の心をとらえるのか……」など、注意していればたくさんの「真似すると得する点」があるはずです。

「真似すること」について、元経営コンサルタントで数々の自己啓発本で知られる千田琢哉さんは、こう言っています。

「頭のいい人になりたければ、頭のいい人の真似をすればいいだけの話だ。頭のいい人の表面のみを真似して、知ったかぶりをするのではない。頭のいい人の本質を真似するのだ」

さっきの例で言えば、「自分と相手の仕事の効率を考えている」とか、「お客の相談相手として信頼を得る」などが本質です。

でも、その人の考えの「本質」なんて簡単にはわかりませんよね。

だから、まずは、その人の「行動」を真似すればいいと思うのです。

それが、仕事のやり方で悩んだり、プレッシャーを感じていたりするときの「解決策」につながるのではないでしょうか。


そもそも、「学ぶ」という言葉の語源は、「真似る（真似ぶ）」なのだとか。

「真似る」ことは「学ぶ」ことだったのですね。

「聞けないとき」は、「密かに真似る」！　覚えておきましょう。

自由で柔らかい心を持つためのヒント

「『経験』は最良の教師である。ただ、授業料が高すぎる」

（イギリスの思想家　カーライルの言葉）

story 26

パラメータを増やす

仕事にプレッシャーを感じたり、ツライと思ったりする原因の1つに、「仕事をなかなか覚えられない」というものがあります。

不思議なもので、たとえば、新しい仕事に就いたとき、すぐに「コツ」をつかんで、どんどん慣れてしまう人もいれば、反対に、いつまで経ってもなかなか慣れない人もいます。

もちろん、その、「新しい仕事」への「向き、不向き」もあるとは思いますが、ここでは、ちょっと面白い見方を紹介しましょう。

実は、「新しいこと」に対して上達の早い人は、頭のなかに、**「パラメータ」を増**

やすのがうまい……という説があります。

あなた、今、「パラメータって何？」って思いましたね。

説明しましょう。

モノの本によれば、「パラメータ」とは、「結果やプロセスに動作条件を与える変数」のこと……って、これじゃ、なおさらわかりません。

例を挙げて説明しましょう。

たとえば、車の運転で言えば、「車幅感覚」とか「ブレーキの踏み方」など、運転にかかわる、さまざまな動作が「パラメータ」です。

この「パラメータ説」によれば、車の運転の上達が早い人は、運転するたびに、**無意識のうちに、この「パラメータ」を増やしている**のだそうです。

最初に運転したときに、「この車の幅はこれくらいの幅の道なら通り抜けられるのか……」と、まず、「車幅感覚」について意識する。

そのうち、車幅を意識しなくても運転できるようになったら、次は「ブレーキの踏み方」を意識して、「これくらいの速度のときに、これくらいの強さで踏むと、これくらいの距離で止まるのか……」ということをつかむようにする。

そうやって、次々にパラメータを増やすサイクルを繰り返していく……。

結果として、見る見る経験値が高くなり、上達が早い。

これに対して、なかなか運転がうまくならない人は、何も意識せず、毎回、漫然と運転しているだけ……。

だから、運転技術がなかなか上達しない。

ということはつまり、「仕事を重荷に感じないようにする」には、早く、自分の仕事におけるパラメータを増やして、その仕事にとっとと慣れてしまうのがいいということです。

仕事のパラメータとは、たとえば、「時間のパラメータ」。

これくらいの仕事の量なら、自分はこれくらいの時間で片づけることができる……というパラメータを意識していれば、そのうち、仕事の量を聞いただけで、どれくらいの時間で終わらせられるかが、感覚的にわかるようになります。

そうして、「時間のパラメータ」をつかんだら、今度は、「論理性」だとか「説得力」だとか、違うパラメータをつかむように意識していく。

こういう意識をして仕事に臨むと、仕事の上達速度が格段に違ってくるのだそうです。

プレッシャーから解放されるために、**「とにかく1度、大きな経験をしてしまう」**という手もあります。言わば、「ビビり経験」のパラメータ。

人前で話すのが苦手なら、いっそ、大きな舞台を経験してしまう。

荒療治ですが、これからの人生でずっと、人前で話す機会が来るたびに悩むくらいなら……と考えて、「大きな経験」をしてしまうのです。

1度でも1000人の前で話す経験があれば、100人の前で話すのが、それほどプレッシャーではなくなりますよね。

ちなみに私は、子どもの頃、人前に出るのが大の苦手でした。

小学生のときには、あることで、全校朝礼で表彰状をもらうことになってしまい、それがイヤで、「お腹が痛い」と言ってズル休みしたことがあるくらいのチキンハートだったのです。

そんな私が、人前に出てもあまりアガらなくなったのは、テレビのクイズ番組に出るようになったおかげでした。

テレビカメラの前に立つなど、緊張の極みですが、「クイズが好き」という思いのほうが、緊張感を上回ってしまったのです。

とりわけ、私にとって転換期だったのは、『クイズタイムショック』への出演。

現在も、たまに単発番組でやっていますよね。回答席が高くせり上がり、12問のクイズが出題されて、正解数が少ないと回答席ごと回転しながら降りてくるという過酷な番組です。かつて、一般視聴者が出る帯番組だった頃は、正解数が3問以下だとイスが回転しました。

私は大学生のときにこの番組に出演し、1週目はチャンピオンになったものの、2週目に、3問しか正解できず、イスを回すという醜態をさらしました。

当時の『タイムショック』は夜の7時からというゴールデンタイムの放送で、しかも20パーセントを超す高視聴率番組。

いやはや、あんな大恥は一生のうちになかなかかけるものではありません。この経験以降、人前で話をするときも、「まあ、あのイスを回したときの恥に比べれば……」と思えるようになったのです。

何もテレビに出て恥をかけとは言いませんが、プレッシャーに弱いあなたは、「恥のパラメータ」を増やすのもよいかもしれません。

自由で柔らかい心を持つためのヒント

「あのときに比べたら」と思える経験は、「一生の宝」になる。

story 27

ドリフトに身を任せる

いきなりクイズ。

「漂流者たち」という意味の名を持つ、かつて、バラエティ番組で一世を風靡した人気グループは何でしょう？

英語ができるあなたなら、すぐにわかっちゃいますよね。

そうです。

答えは、「ドリフターズ」。

「漂流（漂う・流される）」は英語で「ドリフト」。

「漂流者」の複数形で「ドリフターズ」です。

子どもの頃、初めて、グループ名の意味を知ったときは、「そんなのドリフじゃない！」って、すごく違和感を持ったものでした。

経営コンサルタントの本田直之氏は、こんなことを言っています。

「想定外の誘いを受けたら、あまり深く考えないで流されてみるのもよい」

理由は、「そのほうが、チャンスをつかむ確率が高いから」。

本田氏によれば、スタンフォード大学のクランボルツ教授も、そのキャリア理論のなかで「偶然の出来事や出会いを、自分の可能性を広げるチャンスとして活かすことが重要」と言っているそうです。

本田氏は、この、「チャンスのきっかけをつかむために流れに身を任せる」状態を**「ドリフトに身を任せる」**と表現して提唱しているのです。

この「ドリフトに身を任せる」という方法。

私は、「行き詰まったとき」にも、おおいに活用できると思うのですが、いかがでしょう。

つまり、にっちもさっちも行かなくなったときは、とりあえず**「流れに任せてみる」**のです。

セミナー講師の福島正伸氏にこんな名言があります。

「万策つきたとき、『あきらめない』という名案がある」

私はこの言葉にさらにプラスしたい。

「万策つきたとき、『あきらめない』という名案がある。
もし、あきらめたとしても、さらに『流れに身を任せる』という奥の手がある」

今、行き詰まっているというあなた。

最後の最後までジタバタして、それも終わったら、最後の最後の最後は、「ドリフトに身を任せて」みましょう。

喜劇王のチャップリンは、映画『ライムライト』の中で、**「時は偉大な作家だ。いつも完璧な結末を書く」**と言っています。

そう。

世の中、とにかく、時間が止まらない限り、「何とかなる」のです。

黒柳徹子さんが、テレビに出始めた頃のことを物語形式でつづった自伝的エッセイ、『トットチャンネル』のなかに、こんなシーンがあります。

テレビの人気者になって、毎日、働きに働いていたトットちゃん（若き日の黒柳徹子さん）。

働きすぎて体を壊してしまい、番組を休むことに。

「自分がいなくなったら、番組が放送できなくなってしまう……」

そう思っていたトットちゃんは、番組の時間になって、恐る恐るチャンネルを合わせます。

すると……。

番組は、いつもと変わらずに始まって、いつもと同じように進んでいたのです。

テレビの前で、呆然《ぼうぜん》と、画面を見つめるトットちゃん。


結局、自分がいなくても、**「何とかなっていた」**のです。


「自分がいなくなったら、職場がたいへんなことになる」と思って、毎日、無理をして仕事をしているあなた。

大丈夫です。

あなたがいなくなっても、何とかなります。

ちょっと寂しいかもしれませんが、それが会社というもの。

それは、あなたの仕事の力とか、役職とかは関係なくそうなのです。

たとえ、社長がいなくなったとしても、たいがいの会社は、なんとかなる。

それが現実。


ですから「無理なとき」は、さらに無理をして「疲れ切ってしまう」前に、逆らわずに流れに任せる。そして、もう無理と思ったら、「いち抜けた！」って、いったん抜けてみる。

そういう手があることを忘れないでください！

「ドリフター」になって、「ときの流れに身をまかせる」のも一興ですよ。

自由で柔らかい心を持つためのヒント

「大丈夫だ、心配するな、何とかなる」

（一休さんが弟子に遺した遺言状に書かれていたという言葉）

story 28

チャップリンの至言

コメディの原則。

映画にしても舞台にしても、人を笑わせる「喜劇」には、観ている人に笑ってもらうための「ある原則」があります。

ちょっと盲点なのですが、よくできたコメディは、必ずといってよいほど、この原則を守っています。

それは、「その物語に登場する人たちが、いたって真剣」だということ。

真剣に頑張っているのに、よからぬ邪魔が入ったり、主人公のもくろみとはぜんぜん違う展開になったり、とんでもない失敗をしてしまうから、観ている人たちは面白いのです。

ほらっ。あなたの好きな「コメディ映画」を思い出してみてください。
主人公たちは、誰もふざけてなんか、いなかったでしょう。
皆、ときには七転八倒して、ひたいに汗して頑張っていたでしょう。
それなのに、うまく行かない。
それを客観的に観ているこっちは笑ってしまう……。

これ、現実の世界でも同じです。

たとえば。
誰かと誰かが、言い争いをしているとします。
言い争っている本人たちは、とても真剣。
でも、原因は「オレの目玉焼きにどうして勝手にソースをかけた」だったりします。

ある人が深刻な悩みで毎晩眠れないと言っている。

でも、理由を聞いてみたら、来週、後輩の披露宴でスピーチをするのが不安なだけだったりします。

同僚が、「時間に間に合わない」って、大パニック状態で仕事をしている。

でも、「何に間に合わないの？」と聞くと、初めてのデートの待ち合わせ時間だったりする。

目玉焼きのソースだって、スピーチの不安だって、デート時間だって、他の人から見れば、実にどうも、大したことではありません。

でも、当人にとっては、天地がひっくり返るくらいの大問題なのです。

チャップリンは、こうした、「当人たちにとっては大問題でも、傍《はた》から見ている人にとっては大したことではない」という真理を、たったひと言で見事に表現しています。

それはこんな言葉です。

「人生は、クローズアップで見れば悲劇だが、ロングショットで見ると喜劇である」

まさに至言。

争いや騒動の最中に、「あれ？　今の状況って、他人から見れば、ただの喜劇？」と、一瞬考えるだけで、すーっと冷静になることができます。

この「ロングショット」とは、映画用語で、「被写体を遠くから撮影すること」です。

北野武監督は、よく、ケンカの場面などにこの手法を使います。

主人公たちが殴り合ったり、拳銃を撃ち合ったりしている見せ場なのに、そのシーンをとてつもなく遠くのカメラから撮って、人物を豆粒のように小さくしか撮影しない。

こうやって撮ると、映画を観ている人たちの視点が、一瞬、神様の視点になる。

「愚かな人間たちの争い」を実に冷めた目で見るという効果が生まれるのです。

さて。

この「ロングショット」を「遠くから写したショット」ではなく、「長いショット」と解釈することもできます。

その場合は、「人生において、その一瞬だけをとらえれば悲劇でも、長い人生という視点から見れば、ただの喜劇でしかない」という意味になりますね。

たしかに、「受験の日に大雪が降って、間に合わないのではとハラハラした」とか、「結婚式の日に下痢になった」とか、そのときは脂汗が出るくらいの出来事も、1年も経てば、ただの思い出、笑い話です。

今、悩んでいることなんて、ほとんどはその程度のシロモノです。

「今から10年前に自分が何で悩んでいたか言ってごらん」と聞かれても、即答できる人はいないでしょう。

失敗や敗戦も一緒です。

他人から見れば、大したことではないし、本人にとっても、時間が経てば、「経験」へと変わります。

ソチオリンピックのときの浅田真央選手は、不本意なショートプログラムの結果を後悔する気持ちを切り替えて、気持ちを建て直し、翌日のフリーの演技を最高の結果（自己ベスト）でやり遂げた姿が感動を呼びましたよね。

あれも、前日の失敗を「自分なりに受け入れた」結果ではないでしょうか。

「人生は、クローズアップで見れば悲劇だが、ロングショットで見ると喜劇である」

ピンチの最中にこそ、思い出したい言葉です。

自由で柔らかい心を持つためのヒント

「つらい敗北を喫したとしても、たかがテニスではないか。
私はそれを常に自分に言い聞かせている」
（元プロテニス選手　モニカ・セレシュの言葉）

story 29

ドカベンの敬遠

かつてテレビアニメ化もされた水島新司さんの野球漫画『ドカベン』。連載が始まったときは中学生だった主人公のドカベンこと山田太郎《やまだたろう》も、最後のプロ野球編では、ベテラン選手にまでなりました。

この『ドカベン』という漫画。『巨人の星』に代表される、それまでの野球漫画の常識をことごとく、くつがえした画期的な作品でした。

まず、主人公のドカベンのポジションはなんとキャッチャー。『巨人の星』で言えば、伴宙太《ばんちゅうた》が主役をはるようなもの。

いくら、ホームランをバンバン打つ強打者とは言え、それまでの野球漫画ではあり得ない設定です。

次に、主人公がキャッチャー体型（簡単に言えばおデブ）というのも画期的。

その上、イケメンでも何でもない。

『巨人の星』で言えば、左門豊作《さもんほうさく》が主役をはるようなものです。


当時、連載をリアルタイムで読んでいた私にとって、もっとも衝撃的だったシーンは、山田太郎が中学生時代に出場した試合での最後の打席でした。

相手チームのピッチャーは、ドカベンにとっては、宿命のライバルです。

試合の最終イニングに、ドカベンがヒットを打てば同点に追いつき、もし、ホームランを打てば逆転サヨナラという場面を迎えます。

野球漫画の最大の見せ場ですね。


なのに。

あろうことか、ライバルだったはずの相手ピッチャーはドカベンを敬遠してしまうのです。

『巨人の星』で言えば、星飛雄馬《ほしひゅうま》が花形満《はながたみつる》を敬遠するようなもの（しつこい！）。

この敬遠。野球漫画の常識を根底からゆるがす革命的なシーンと言っても過言ではありません。


野次が飛び交う球場。

そのなかで、試合を観ていたドカベンのライバルの1人がこんな意味のことを言うのです。


「敬遠だって、ルールに定められた立派な作戦の1つだ。一見、勝負するように見せてボール球を投げて歩かせるのではなく、山田にはかなわないと、男らしく素直に認めて敬遠をしたピッチャーの気持ちも察してやれ」


まさかここで、こんな深い言葉に出会おうとは……。

「堂々と逃げることの勇気」ですね。

ドカベンを敬遠した相手チームは、結果的に試合に勝ち、ドカベンのチームは敗れ去ります。

このライバルピッチャーの敬遠選択は、自分1人の意地よりも、チームの勝利を優先した行為とも言えるわけです。

「三十六計《さんじゅうろっけい》逃げるにしかず」ということわざがあります。

「三十六計」とは、中国の兵法にある36種類の戦術のこと。

つまりこれは、ありとあらゆる戦術よりも、「逃げる」ほうが得策である……という意味の言葉です。

「逃げる」って、究極の戦術なんです。

戦術のバイブル、『孫子』には、最高の勝利は**「戦わずして勝つこと」**とあります。

伝説の剣豪、塚原卜伝《つかはらぼくでん》も、危険を事前に察知して、**「戦わないようにする」**のが、本当に強い者だと考えていたそうです。

そう。

いざとなったら、「逃げる」のもアリなんです。

第1章の「人間関係の悩み」のなかでも言いましたが、どうしてもツラいときは逃げればいい。

「当たってくだけろ」って言いますが、本当に砕けてしまったら終わりなんですから。

昔の戦《いくさ》でも、「大将にとってもっとも重要な判断は、引き際である」、と聞いたことがあります。

そして、兵隊たちにとっては、大将が退却命令を出したとき、いかに速く逃げるかが勝負であると。

強さとは、逃げる速さも含めて「強さ」なのですね。

会社だって、「いつでも逃げられる」と感じながら、心に余裕を持って、仕事をするほうが、リラックスして力を発揮できるし、伸び伸びと挑戦もできるのではないでしょうか。

「逃げ場なし」と、せっぱ詰まってやるよりも、よい結果に結びつくのではないかと思います。それに、「逃げ場なし」という考えでいると、追い詰められて、心を病んでしまいます。

もちろん、なかには「オレは『背水の陣』というか、退路を断ってことに当たるほうが力を発揮できる！」という人もいるでしょう。

どっちを選ぶかは、あなたが決めればよいのです。

自由で柔らかい心を持つためのヒント

「逃げた者は、もう1度戦うことができる」

（古代ギリシアの政治家　デモステネスの言葉）

story 30

自分では言ってはいけない言葉

第3章では、仕事のプレッシャーにつぶされない、しなやかな考え方について、いろいろな切り口でヒントになりそうな話をしてきました。

その最後として、逆に「もっとプレッシャーを感じなさい！」という話をしたいと思います。

なぜなら、コレステロールに善玉と悪玉があるように、「プレッシャー」にも、「善玉プッシャー」と「悪玉プレッシャー」があって、仕事をするときは、適度なプレッシャー（善玉プレッシャー）を感じながら、それをうまくコントロールしつつ進めるのがベストだと思うからです。

お話をするのは、このプレッシャーを曲げて解釈し、漫然と努力を怠《おこた》っていると、やっかいなことになる……という反面教師のような実例です。

以前に、テレビでこんな番組をやっていました。

過去に一発屋として売れて、今はぜんぜん仕事がない芸人たちが、芸能界において長年一線で活躍をされている熟女の方々に人生相談をする……という内容です。

最初は、何気なく見ていたのですが、一発屋で終わる人たちの多くは「終わるべくして終わっている」というのがよくわかって、なかなか面白い企画でした。

何しろ彼らは、ビジネスの世界では、自分からは決して言ってはいけない「ある言葉」を連発していたのです。

その言葉を紹介する前に、この番組に出てきた芸人(かつての一発屋芸人)たちが、普段、何をして過ごしているか……。

芸人たち曰く。

「動くとお腹が減るので、毎日、家でジッとしている」

「いつか仕事がもらえるかもしれないので、エライ人たちとゴルフをしている」

「テレビで披露するチャンスがあるかもしれないと思って、けん玉を練習している」

「毎日、飼い犬の写真をブログにアップしている」


こんな体たらくをマジメな顔をして告白するのです。

もちろん、この告白を聞いて、生き馬の目を抜く芸能界で長年メシを食ってきた熟女の皆さんはご立腹。

「あなたたち、また売れたいとか言って、何も努力してないじゃない！」とお叱りになる。

芸人たちが、ビジネスの世界で決して自分から言ってはいけない言葉を発したのは、熟女の皆さんから「努力してない」と叱られたこのときです。

彼らは、口をそろえて、こう言うのです。


「いや、僕たち、努力しています！　頑張っていますって！」

ブックライターの上阪徹《うえさかとおる》さんはその著書のなかで、ある経営者の次のような言葉を紹介しています。

「『自分は頑張った』という言葉は、決して口にしてはいけない」

もちろん「頑張るな」と言っているわけではありません。

実際に精一杯に頑張って、「自分はここまで頑張ったんだ！」と心のなかで思う分には、自信にもつながりますからよいでしょう。

でも、それを口に出してしまってはいけない。

上阪さんの著書に登場した経営者は、こうも言っています。

「『自分は頑張った』と言う人間は信用しないし、そういう人間には大きな仕事は与えたくない。それは、自分で自分を評価した言葉だからだ」

本人がいくら「頑張っている」と言っても、頑張っているように見えていなければ、周りは白けるだけ。

ビジネスの世界では、「頑張っているかどうか?」は、自分ではなく、周りが決めることなのです。

極論で言えば、「努力しているかどうか?」なんて、会社にとっては関係のない話。

会社にしてみれば、結果さえ出してくれればそれで充分なんです。

結果を伴わない努力なんて、会社から見れば、要らぬものでしかない。

そう言えば、プロ野球で3度も3冠王になっている落合博満さんも、現役の頃、「キャンプでの自己流チンタラ練習」を記者から指摘されて、こう答えています。

「プロが練習しているところを見せたら終わりでしょ」

まさに、プロフェッショナルのひと言です。

「試合で結果を出すことがすべて」だと理解し切った言葉ですね。

先の芸人たちは、「売れていないこと」に対して、真剣に向き合わず、いたずらに悩むだけ。

漫然と日々を過ごし、「お客を面白がらせる」という結果を出すこともなく、「頑張っている」と主張だけはする……。

これでは、明日がありません。

ぜひ、反面教師にして、私たちは「善玉プレッシャー」を自分に活かしたい。

そして、自分からではなく、周りの人から「頑張ってるねぇ」「アウトプットがスゴイねぇ」なんて、言ってもらえたら理想ですね。

自由で柔らかい心を持つためのヒント

「善玉プレッシャー」を利用して、結果を出そう!

第4章

仕事に「やりがい」を感じないというあなたへ

子ども向けのなぞなぞです。

「食べると、とても元気に働くことができるようになる貝はどんな貝?」

答えは「やり貝」。そう、仕事に「やりがい」を感じることができるかどうかは、会社で過ごす時間を充実させる上で、最大のポイントです。最後の第4章は、「仕事のなかにやりがいを見出《みいだ》すヒント」になる話を集めました。

story 31

宝塚の通行人

宝塚歌劇団。

日本では、本当に意味で成功している劇団は、この「宝塚」と「劇団四季」の2つだけしかない、という話を聞いたことがあります。

というくらい、この宝塚歌劇団にはコアなファンが多い。

通《つう》の人に言わせると、その舞台は、ひたすらに主役をカッコよく見せることを目指しているのだそうです。

ですから、どんな原作を舞台化しても、全部、最後は主役が光り輝くような脚本になっている。

芝居のなかで、ストーリー的には死んだはずの主人公が、最後のフィナーレに出てきて歌おうがそんな細かなことは知ったことではありません。

ヅカファンは、すべてを理解した上で、全身全霊を傾けてその舞台を楽しむ。

そして……。


「元気をもらう」のだそうです。


「主役を引き立てる舞台」だとは言え、宝塚の舞台で光を放っているのは、何も主役だけではありません。

舞台に出ている全員が、それぞれに光を放っています。

「全員」とは、まさに、文字どおり「全員」！

舞台のどんなに端っこで踊っている子も、絶対に手を抜いていない。

ものすごく真剣に踊って光を放っているのです。

ヅカファンは、その姿を観て、「ああ、自分も頑張ろう」と思うのだとか。

宝塚に関する本も執筆されている演劇ジャーナリストの中本千晶さんの著書のな

かに、若き日の大地真央《だいちまお》さんのエピソードが紹介されています。

舞台の『風と共に去りぬ』のなかで、機関士の役をもらった彼女。

本筋とはぜんぜん関係のないこの役に全力投球。

毎日毎日、違う役づくりをしてこの役を演じたのですが、ある日の舞台ではなんと、ハゲ頭のおやじ姿で登場し、それを観た観客は爆笑の渦に。

主役の2人の芝居を食ってしまうほどの怪演を見せたのだそうです。

　このエピソードを紹介している中本さんはこう言っています。

「もちろん、これ（大地の役づくり）はやりすぎだ。しかし、大地真央に限らず、セリフはもちろん役名さえもない通行人の役でさえも、彼女たちは、与えられた役を愛し、自分で勝手に役名を付けたりして、工夫しながら演じている」

　中本さんはさらに、彼女たちがそうやって役づくりに燃えることができる理由の1つとして、ヅカファンたちの特性を挙げています。

「客席のファンも、彼女たちの工夫を、意外としっかりと観ているものなのだ。宝塚の観客には、同じ公演を10回以上観る人も多い。もちろん、お目当てはご贔屓《ひいき》のスターさんなのだが、10回も観ていると、さすがに飽きて舞台のあちこちに目がいくようになる。すると、『○○の場面で右端のテーブルにいたカップル。この前の舞台ではイチャイチャしていたけど、今日はケンカしているみたい』などという発見をしていくわけである」

こうしたヅカファンにとっては、舞台で、「通行人」や「隅っこのテーブルのカップル」などを演じている若手たちのなかに、「明日のスター」を発掘するのも楽しみの1つなのだそうです。

そして、演じる側も、そんなコアなファンの視線を感じながら、「明日のスター」を目指して、工夫を重ねている。

宝塚でトップスターになった、ある人の言葉です。

「下級生の頃は、『観客のなかで、１人でもいいから私を見てくれるように』と思いながら、どんな端役《はやく》でも、１００パーセントの力を出して一生懸命に演じていました」

ヅカファンたちは、こうして、舞台に出ている全員からプラスのエネルギーを受け取り、さっきも言ったように、「元気をもらう」のです。

織田信長の言葉です。

「与えられた仕事だけをやるのは雑兵《ぞうひょう》（下っ端の兵士）だ」

これ、現代の会社にも通じる言葉ですね。

与えられた仕事を言われたとおりにやっているうちは、出世もしないし、やりがいも感じられません。

信長はまた、こんな言葉も残しています。

「仕事は自分で探して、創り出すもの」

そんな考えを持った信長にとって、「1を指示すれば、自分で工夫して10を返してくる男」、秀吉は、きっと好ましい存在だったのでしょうね。

どんな役を与えられても自分なりに工夫をして、その役に命を吹き込もうとする宝塚の下級生たちも、決して信長の言うところの雑兵ではありません。

全員が「明日は天下を取ろう」という夢を持った、若き日の秀吉のような存在。

どんなに「つまらなそうな仕事」にも、自分なりの工夫を加えていけば「やりがい」が生まれるのではないでしょうか。そして、そんなあなたの姿は、きっと、「観客席の誰か」が、ちゃんと見ていてくれるものなのです。

仕事のなかにやりがいを見出すヒント

人生は一幕の舞台。
与えられた役を楽しもう！

story 32

あなたの「ワクワクの核」は？

『アメリ』『デリカテッセン』などの作品で知られるフランスの映画監督、ジャン＝ピエール・ジュネがこんなことを言っています。

「よく、映画監督になりたいという人がいるが、その考え方は間違っている。何かになりたいという考え方は、『有名になりたい』とか『人から認められたい』という気持ちの表れにすぎない」

この言葉のあとはこう続きます。

「大事なのは、『映画を作りたい』と心から願うことだ」

この言葉。

仕事というものの本質を言い当てているような気がします。

製作費がなくて、1本も映画を撮ることはできないけれど、周りの人たちから「映画監督」と呼ばれてチヤホヤされる人になりたいのか？　それとも、肩書はただの「会社員」でオモテに名前は出なくても、好きな映画を自由に撮ることができる人になりたいのか？　……ということですね。

「映画監督になりたい」と言っている人の本当の夢は、「映画監督になること」ではなく、「映画を撮ること」のはずです。

さらに言えば、「映画を撮りたい」だけではなく、「自分の撮った映画で、たくさんの人たちを感動させたい」というのが「やりたいこと」であるはず。

だって、完成した映画を、絶対に誰1人見ないと決まっていたら、映画を撮る気にはなれないですよね。

さらに、突っ込んで考えると、その人にとって「映画を撮る」のは、「人を感動させるための手段」なのかも。

ほら、映画監督になりたくて、映画学校に通って、せっせと映画について学んでいたのに、ふと、気がついてみたら、テレビ業界でドラマの制作の仕事に就いていた……とか、そういう経歴を持つ人がいるではありませんか。

つまり、その人が最終的にしたかったのは、「エンターテインメントでたくさんの人たちを楽しませる」ということであって、その手段は、映画でもドラマでも、どっちでもよかったのです。

もっと言えば、「自分で監督しなくても、脚本を書かなくても、その制作に携わることができれば満足」という場合だってあるかもしれません。

この**「自分がやりたいと思っていることの本質」**をつかむことはとても大切です。

文筆家・エッセイストの深井次郎さんは、この「やりたいことの本質」を**「ワクワクの核」**と呼んでいます。

この「ワクワクの核」をキチンとつかんでいれば、今は不本意だと思っている仕事のなかにも、「やりたいこと」を見つけることができるかもしれません。

「オレ、本当は映画監督になりたかったんだよな……」と思っていながら家業のお菓子屋を継いでいる人が、自分の「ワクワクの核」を掘り下げてみたら、実は、「たくさんの人に喜んでもらいたい」というのが本質だったとします。

それに気がつけば、たとえば「バレンタインデー」に恋人たちが喜ぶ企画を考えたりして、「たくさんの人を幸せにすること」ができる。

手段が変わっただけで、「ワクワクの核」を満たすことができるはず！

余談ですが、この考え方は、企業そのものにも当てはまります。

『マネジメント』などの著書で知られる経営学者のピーター・ドラッカーも、経営者にとってもっとも大切なのは、**「自分たちの事業の本質は何か？」**を問い続けることだと言っています。

自分たちが事業を通して、社内に対してどんな役に立っていきたいか。

その本質さえキッチリとつかんでいれば、新しい事業を展開するときも、その本質から外れないように取り組めば、ブレないで済むというわけです。

閑話休題。

先ほども言ったように、たとえば、「本当はミュージシャンになって、作った曲で人を感動させたかったんだ」と思っている人は、前半の「ミュージシャンになって」という部分をショートカットして、自分の今の仕事で、「人を感動させる」ようにすればいい。

「ワクワクの核」さえわかれば、仕事が楽しく、好きになってきます。

そうなれば、しめたもの。

孔子は「仕事」について、こんなことを言っています。

「あなたが愛するものを仕事に選びなさい。そうすれば、生涯、1日たりとも働かなくて済むであろう」

そうです。好きなことを仕事にしてしまう（あるいは、仕事を好きになる）と、それはもう、「仕事」というより「楽しみ」に変わってしまうのです。

私も、「本を書くこと」を仕事にしてからというもの、「仕事をしている」という感覚がすっかりなくなりました。

カフェで執筆をしていても、「仕事をしている」というよりは、「世の中の人がお仕事をしているときに、自分はこんなところで本を書かせていただいている」という気持ち。なんだか、「申し訳ない」と、謝ってしまいそうになります。

では、次は、『○○になりたい』ではなく、『○○をやりたい』という考え方のほうがよい、というのはわかったけど、そもそも自分が何をやりたいのかがわからない」と、そんなあなたへの解決策になるかもしれないヒントをお届けしますね。

仕事のなかにやりがいを見出すヒント

「きみたちは努力したい何かを持っているはずだ。きっとそれは、きみたちの心のこもった立派な仕事になるでしょう」

（映画監督　黒澤明の言葉）

story 33

やりたいことが見つからない

「やりたいことが見つからない」

そういう悩みを持っている人は多いと思います。

そんな悩みを持つ人にとっては、子どもの頃からプロ野球選手になると決めることができたイチローなどは、とても、ウラヤマシイ存在に思えることでしょう。

でも、「やりたいことが見つからない」って、そんなに悪いことでしょうか?

農業高校を舞台にした人気漫画『銀の匙《さじ》』のなかにこんなシーンがあります。

受験競争に疲れて農業高校に入ったものの、将来、自分が何をしたいのかが見つからない主人公の八軒君。

子どもの頃から獣医を目指しているという同級生に、「自分は何をやりたいかわからないし、どん詰まっている」という内容の告白をします。するとその同級生は、こんなことを言うのです。

「どん詰まりじゃなくて、『今から何にでもなれる』って思うと楽しくならない？僕なんか、夢が固まりすぎて融通のきかない一本道だけどさ、八軒君の夢はここから際限無く広がってるんじゃないのかな」

経済学者の玄田有史氏も、その著書のなかでこう言っています。

「やりたい事なんてなくてもいい。むしろない方がいいとすら思っている。あんまり今の自分のやりたい事に凝り固まってしまうと、自分もまだ知らない、本当の自分のやりたい事を、見逃がしてしまう」

やりたいことが見つかっていないというのは、言わば、恋人がいないフリーの状態。「いいかな」と思った異性に自由にアタックできる特権を持っているわけです。

ノーベル物理学賞受賞者の小柴昌俊氏は「やりたいことが見つからない」と悩む若者に、こんなアドバイスをしています。

「おじけづかないで、どんどん新しいことを試してみることだよ。自分で試して体験してみないと、それが自分に合っているか合っていないか、やりたいかやりたくないかもわからないでしょ」

ドラッカーも、なかなか最初から自分に合った仕事には出会えないという意味で**「最初の仕事はくじ引きである」**なんて言っています。

とは言え、「やってみなければ自分に合った仕事かどうかはわからない」とか「くじ引き」とか言われても、人生の時間は限られていますよね。

何しろ、モノの本によれば、日本には3万種類を超える仕事があるとか。海外に出ればさらに選択肢が増えますし、新しい仕事も次々に誕生します。

「この仕事は、私のやりたいことかなぁ〜」なんて、あれもこれもと試していたら、あっという間に一生が終わってしまう……。

そこで、役に立つのが「消去法」です。

『麻雀放浪記』などで知られる作家の色川武大《いろかわたけひろ》さんは、次のような意味のことを言っています。

「『自分はどういうふうに生きたいのか』という問いは、範囲が広すぎて具体的な答えを出しにくい。それより、『自分はこういう生き方だけはしたくない』と考えたほうがはるかに具体的な答えを出しやすい。それで出た答えを消去していく。そうすると、次第に範囲が狭くなって、やりたいことの軸になるべきものが見えてきたりする」

著述家でありキャリアカウンセラーの戸田智弘氏は、この色川さんの言葉を著書のなかで紹介しながら、自身のこんな例を挙げています。

「その昔、豆腐屋になりたいと思ったことがある。しかし、豆腐屋を営むには毎日、朝3時に起きなければならないことがすぐに分かった。（中略）毎日その時間に起きることはできないと思った。イヤだと思った。やりたくないと思った。豆腐屋は『やりたい仕事』のリストから外れた」

消去法、わかりやすいですね。

日本には、せっかく職業選択の自由があるのですから、「会社員以外」という選択肢も含めて、ぜひ、その権利を活かしたいものです。

ちなみに私の場合、仕事に関して言えば、「もっともやりたくないこと」は、毎朝、満員電車に揺られて通勤すること。

会社員の頃は毎日、それを避けて、まだラッシュが始まる前の早朝に通勤していました。

最初は朝の6時半くらいに電車に乗り込んでいましたが、そのうち、出社前に会社近くのカフェでブログや本の執筆をするようになって、どんどん早くなり、最後は、朝、4時台に起きて、会社近くのカフェに6時半には入るという生活。

でも、「満員電車」という、もっとも嫌なものを消去していましたから、ぜんぜん苦にはなりませんでした。

「やりたいこと」を見つけたいときに役立つ「消去法」。ぜひ、使ってください。

仕事のなかにやりがいを見出すヒント

「やりたいことが見つかっていない」は、「自由」だということ。

story 34

ときにはミケランジェロのように

マーチン・ルーサー・キング牧師。

アメリカにおける公民権運動の指導者として有名だった牧師さんですね。

「黒人に自由と平等を！」と訴えた「I have a dream（私には夢がある）」（1963年8月28日）の演説がとても有名です。

名演説によって、「自分の夢」をたくさんの人たちに「感染」させてしまった人です。

さて、このキング牧師。

「仕事」について、こんな言葉を遺しています。

「もし、道路掃除の仕事を与えられたら、ミケランジェロが絵を描くように、ベートーベンが曲を作るように、シェークスピアが詩を書くように掃除するべきだ」

登場するのは、画家と作曲家と詩人。

いずれもクリエイティブな芸術家です。

道路掃除のような、一見、つまらなそうな仕事でも、「アートのように取り組みなさい」と訴えているのですね。

この言葉はこう続きます。

「(仕事は)天国の神と地上の雇い主を『素晴らしい掃除人がいるな』と感心させるぐらいにしっかりとやりなさい」

芸術家のように真剣に仕事に取り組んで、その「成果」もまた「芸術」のように人々に「感動を与えるレベル」にしなさい……と言うのです。

なんだか、「掃除」をパフォーマンスの域にまで高めて、ゲストたちを楽しませる、ディズニーランドのカストーディアルキャスト（清掃スタッフ）の仕事ぶりを思い出します。

ダンスをするように園内のゴミを拾う彼らは実にカッコイイ。

「何を拾っているの？」と質問されたときに、「星のかけらを拾っているんだよ」と答えたという話は有名です。

ちなみに、こうした質問に対する回答にはマニュアルはなく、1人ひとりのアドリブに任されているとか。そう聞くと、余計にカッコイイ。

キング牧師の言うように、清掃員だってアーティストのように仕事をすることができるのです。


突然ですが、私はテレビの『欽ちゃん&香取慎吾の全日本仮装大賞』（日本テレビ）という番組が好きです。

この番組。

第1回の放送では、本当にド素人の皆さんが仮装をして舞台に出てくるだけの番組でした。ほとんどの出演者が、文字どおり「仮装」をするだけだったのです。

しかし、そのなかに1人だけ、機関車に扮した人がいました。

1人だけ、ものの見事な発想の転換。もちろん、その人が優勝でした。

その後は、回を重ねるごとに進化を続け、出場者たちが知恵を絞って、「仮装をコンセプトとした短いショー」を舞台で披露する番組へと変化しました。

なかには、ちょっとしたラスベガスのショーをほうふつとさせるような、気の利いたものも……。さすがに最近は、「今までになかった新しいアイデアの作品」というのは、1回のオンエアで1つあるかないかです。

しかし、私はその1つの作品を見たくて、つい録画までして見てしまうのです。

そして、新鮮なアイデアの仮装を見ると、「ああ、まだ、こんな手があったのか」と感心してしまう。

そんな仮装が登場すると、会場から「おおっ！」というどよめきが上がります。

たかが「仮装」なのに……です。

まさにこれも、キング牧師が言う、「ミケランジェロのような仕事」なわけですね。

「道路掃除」だって、

「仮装」だって、
「交通整理」だって、
ミケランジェロやベートーベンのように、芸術の粋にまで高めることは可能なんです。

たとえば、オフィスにおける雑用の代名詞とも言える、「お茶出し」だって例外ではありません。

「お茶出しなんかを、やらされている」と思ったらツマラナイ。

どうせやるなら、**「この1杯のお茶で、うちの会社に来るお客様のすべてのハートをつかんでやる！」**なんて思って取り組めば、りっぱに、「芸術の域」に達することができるはず。

その日の気候や、訪問客の「年齢」「好き嫌い」「そのときの状態」に合わせて、もっともよい温度と量のお茶を完璧なタイミングでお出しする。

訪問するたびに、そんな、完璧な「お茶出し」をしてくれる社員がいる会社なら、取引先としてぜったいに信用できると思いませんか。

この会社が、「仕事ができないわけがない！」って、大きな仕事を任せたくなるのではないかと思うのですが、いかがでしょう。

事実、私は、たった1杯の「お茶出し」で、「人生の師」となる人物の心をつかんでしまった人物を知っています。

次の項では、その人が、どうやって、たった1杯のお茶で「人生の師」の心をつかんだかについてお話ししましょう。

仕事のなかにやりがいを見出すヒント

「すべて人生のことは、『させられる』と思うから辛かったり惨めになるので、『してみよう』と思うと何でも道楽になる」

（作家　曽野綾子氏の言葉）

story 35

鍵山秀三郎を唸らせた1杯のお茶

これは、たった1杯のお茶で、さる大経営者の心をつかんでしまった、ある人の話です。

心をつかまれたカリスマ経営者の名は鍵山秀三郎氏。カー用品販売のイエローハット社の創業者。そして、自ら率先して自社のトイレ掃除をする経営者としても有名です。

この、鍵山氏の心を「1杯のお茶」でつかんだ人物の名は河瀬和幸さん。東急ハンズなどで、「カワセに売れないものはない」と呼ばれた「伝説の実演販売士」。現在は、セールスクリエイターとして独立、起業され、各地で講演をされたり、販売に関する本を執筆されたりしている方です。

話は、河瀬さんがまだ、某企業のトップ営業マンだった昔にさかのぼります。

転勤によって、初めて大阪で商売をすることになった河瀬さん。

新規開拓営業のターゲットをイエローハットに絞ります。

同社を標的に選んだ理由は、偶然、テレビで見た創業者の鍵山秀三郎氏がとても印象的だったから。

イエローハット社の大阪営業所の総務を訪ねた河瀬さんは、なんと、「御社のトイレ掃除をさせて欲しい」と、とんでもない申し入れをします。

この常識外れの申し出に対して、あっさりOKを出したというのですから、イエローハットもなかなかのツワモノ。さすが、「トイレ掃除のカリスマ」が創業した企業です。

毎朝7時、自分の会社へ出社する前に、同社を訪問し、せっせとトイレ掃除を続ける河瀬さん。

1か月後、チャンスが訪れます。

鍵山秀三郎氏ご本人が、「大阪に来る」という情報が入ったのです。

トイレ掃除を通じて、大阪営業所の責任者とコンタクトを築いていた河瀬さんは、またまた常識外れの申し入れをします。

「鍵山氏が泊まるホテルの部屋に、1杯のお茶を用意させて欲しい」

豪華な接待の席を設けるのではなく、「たった1杯のお茶」です。

そもそも、贅沢な接待を嫌う鍵山氏の性格を知っていた河瀬さんは、「1杯のお茶」で勝負に出たのです。

当日、彼が鍵山氏の宿泊部屋に用意したのは、次のようなものでした。

子ども用のポットに4分目まで入れたお茶と乾燥梅3つ。

一見、とてもシンプル。

しかし、その裏には、「考え抜かれた計算」が隠されていました。

まず、大前提は、疲れてホテルに戻ってくるであろう鍵山氏がホッとするもてなしであること。

お茶の銘柄は京都の山科《やましな》にある「一保堂茶舗《いっぽどう》」の番茶。

この「一保堂茶舗」は、1717年創業で、「1つの道をコツコツと行く」という鍵山氏の信条と同じ考えを持つ老舗です。

しかも、山科は「便所掃除の開祖」とも言える西田天香《にしだてんこう》ゆかりの地。トイレ掃除で人生を磨いて来られた鍵山氏なら、必ずここを訪れ、このお茶を口にしたことがあるはず……。

それらをすべて調べた上での銘柄の選択。

そして、ポットに4分目という量は、食べ物を残すのを嫌う鍵山氏が「ちょうど飲み切れる量」を考えてのことです。

このお茶に添えた乾燥梅は、徳川吉宗が愛した「黒梅」という逸品。味の良さも、さることながら、その年のNHK大河ドラマの主人公が吉宗であったことから、少し遊び心を入れて選択。

梅は全部で3粒用意しましたが、鍵山氏は1粒しか召し上がらないと見越して、背広のポケットに入る大きさのジッパー付きの小袋を添え、持ち帰りができるように配慮しました。

そして、とどめは、これだけ考え抜いたもてなしを用意しながら、それを用意した自分の名をあえて伏せたこと。

鍵山氏に「いったい誰が？」と疑問に思ってもらおうと考えたのです。

この「渾身の接待」の翌日。鍵山氏主宰の大阪城公園の「掃除の会」に参加していた河瀬さんに近づいてくる小柄な人物の姿がありました。

そう、鍵山秀三郎氏です。

氏は、細かな部分まで配慮し尽くされた「1杯のお茶」に触れて、「このお茶を用意したのは誰なのか？」とホテルに問い合わせたのです。

そしてこれが、この後、河瀬さんの人生の師となる恩人との「出逢い」でした。

たかが「お茶出し」と、あなどるなかれ！

たとえ「1杯のお茶」でも、やろうと思えば「人生の師」を得ることだってできるのです。

仕事のなかにやりがいを見出すヒント

考え抜けば、たかが「お茶出し」でも、
人生を変えられる。

story 36

着物にワインをこぼしてしまったときに

たった1杯のお茶で、人生の師と「つながること」ができた河瀬さんの話の次は、「心を込めたサービス」の実例です。

正確には「サービス」というより、「失敗をしてしまったときのリカバリー」の話ですが、「心を込めた仕事は人の心を動かす」という例として紹介します。

人は誰でも、どんなに注意をしていても失敗をするものです。

にんげんだもの（笑）。

たいがいの失敗は「取り返しがつく」ものですが、ときには「取り返しがつかない」失敗もやらかしてしまいます。

この「取り返しのつかない失敗」をしてしまったときに、果たしてどんな行動を取るか。

人間力が試される場面です。

あるホテルでのこと。

結婚披露宴の最中に、スタッフの1人がお客様の留袖《とめそで》に赤ワインをこぼしてしまいました。

急いで専門業者に持って行ったものの、しみは消えません。

たとえ、どんなに高額であっても、これが普通の着物だったら、新しい着物を買って弁償するという方法もあったでしょう。

しかし、運が悪いことにこの着物、「ただの着物」ではありませんでした。

この留袖の美しい絵柄は、そのお客様の知り合いである有名な日本画家が手描きで作成してくれたもの。

しかも、この画家センセイ、すでに現役を退かれて、「もう絵は1枚も描かない」と宣言をしていたのです。

しゃれではありませんが、「絵に描いたような」取り返しのつかない事態。

この危機を救ったのが、このホテルにいたベテランのドアマンでした。

スタッフの不始末を聞いたこのドアマンは、このホテルを代表して、ある行動に出ました。

さあ、あなたがもし、このドアマンなら、何をしますか？


このドアマンが考えた解決策。

それは、ど真ん中の直球でした。


なんと彼、この画家のセンセイを訪問し、事情を説明して、「なんとか新しい着物をつくっていただけないでしょうか」とお願いをしたのです。

もちろん、すでに筆を折る宣言をしている画家です。

簡単に首をタテには振ってはくれません。


でも、このドアマンはあきらめませんでした。

何度も、何度も、何度もセンセイのもとに通い続けること、実に3か月。

その熱意に打たれた画家は、ついに、新しい着物をつくることを承諾したのです。

完成した着物を受け取ったそのお客は涙をこぼさんばかりに感激しました。

そして、ドアマンにこう言ったそうです。

「新しい着物ができたことよりも、もう筆はとらないとおっしゃっていた先生の心を変えた、あなたの誠意が嬉しい」

これは、銀座のクラブのママであり、企業向けに「接客セミナー」や講演を行なうこともある日高利美《ひだかとしみ》さんの著書に出てくる実話です。

「接客の世界」では文字どおり「伝説」として語り継がれている話なのだそうです。

これ、普通なら、安易にお金で解決して済ませてしまうケースだと思います。

元の着物の値段と同じくらい（あるいは少し高め）のお金を渡して、「これで新しいお着物を……」と謝罪してオシマイ。

その対応でも一見、充分な気もしますが、言ってしまえば、お金で解決する方法は、「ここまでやった」という「ホテル側の自己満足」でしかありません。

そう。その対応には「心」がこもっていないのです。

お客様にとって、「すでに引退された知り合いの高名な画家が、自分のためにつくってくれた着物」は、この世界で唯一無二のもの。

たとえ、ホテルからもらったお金で新しい着物を手に入れても「喪失感」はぬぐい切れるものではありません。

「誠意を尽くす」という言葉があります。

取り返しのつかないことをしてしまったとき、それをしてしまった相手に対して、「誠意を尽くす」とはいったいどういうことなのか……？

このドアマンは、お客様の気持ちになって必死で考え、自分にできることを「心を込めて」やった。

その「心」が、この画家に届き、その「心」を動かしたのです。

「仕事」に「心」を込めれば、ぜったいに動かないような「人の心」をも動かすことができる。

それって、すごいことだと思いませんか。

仕事のなかにやりがいを見出すヒント

「かたくなな心」を溶かす唯一のもの。

それは「心」。

story 37

橋を上げる老人の言葉

アメリカの片田舎を旅行した、ある社長さんから聞いた話です。

その社長さんが、ある川へ行ったとき、その川に架かる橋をボタンで上げ下げしている老人と話す機会があったそうです。

この老人。

日がな1日、橋のたもとの小屋にいて、橋に船が近づくと、ボタンを操作して船が通れるように「橋」を上げるのが「仕事」。

日本なら、鉄道の踏切のように自動的に橋が上がるようにしそうなものですが、とにかく、この社長さんが旅行で行った当時は、まだいちいち手動で操作していたのだそうです。

はっきり言って、つまらない仕事です。

船が通るのは1日に何度もありません。

ただ、ひたすらに船が通るのを待ち、船が来たら橋を上げる。

通り過ぎたら、橋を下げる。

それだけのことを、もう何年も続けている。

ところが……。

老人は、旅行者であるその社長さんに、自分の「仕事」を嬉々として自慢したのだそうです。

曰く。

「あのときは、オレがこの橋を上げて、あの船を通してやったんだ」

「オレがいなかったら、あの船もココを通ることができなかったんだ」

この老人は、自分がやっているこの単純な「仕事」に、心から誇りを持ち、そして、楽しんでいたのです！

私にこの話をしてくれた社長さんは、「その老人の姿に『仕事の原点』を見た思いがして、心を打たれた」と語ってくれました。

さて。

次は、あるメーカーの工場であった実話。

その工場では、「あること」が問題になっていました。

いくら、工場長の名前で「やらないように」と通達を出しても、なかなかそれがなくならない……。

えっ？

「経費の無駄遣いだろう」ですって？

いやいや、そんなに大層な問題ではありません。

その問題とは、なんと、「トイレの落書き」。

なんだか、昔のドラマに出てくる「不良が集まる荒廃した高校」みたいな話です。

最新の設備を持っている大工場であるにもかかわらず、誰が描くのか、トイレにいつも落書きがあって、いくら消しても、また描かれてしまう。

「会社の恥だから慎むように」と注意を促しても、いっこうになくならない。

経営陣も、打つ手がなく、半ばあきらめていたのだそうです。

ところが。

落書きに業を煮やしたトイレ掃除のパートのおばちゃんたちが、かまぼこ板に「あるメッセージ」を書いてトイレの壁に掲示したところ、その日を境にピタリと落書きする人がいなくなったのです。

パートのおばちゃんたちは、いったい、かまぼこ板に何と書いたのか？

あなたにはわかりますか？

それは、こんな言葉でした。

「落書きしないでください。ここは、私たちの神聖な職場です」

このメッセージを読んだ落書きの犯人。

たぶん、「神聖な職場」というひと言にすっかりやられてしまったのでしょう。

落書きなんかしていた自分が、恥ずかしくなったのかもしれません。

「トイレ掃除に誇りを持って取り組んでいる」おばちゃんたちの姿勢にノックアウトされた形ですね。

自分の仕事に「誇り」を持っている人は、力に満ちています。

それは、アメリカの片田舎にいて橋を上げる老人しかり、トイレ掃除のおばちゃんたちもまたしかり。

そして、自分の仕事に「誇り」を持っている人は、自分の仕事に「やりがい」を持っている。

だから、仕事を（厳しいとは思いながらも）楽しんでいる。

たとえどんな「仕事」でも、「誇り」を持つことは可能です。

なぜなら、それが「仕事」と呼ばれるかぎり、**必ず「誰かの役に立っている」**のですから。

どんな「仕事」も、等しく「尊い」。

あとは、その仕事に誇りを持てるかどうかだけ。

「自分の仕事」に「誇り」を持てるかどうかは、あなた次第です。

仕事のなかにやりがいを見出すヒント

「ベストを尽くせば、誇りに思える」

（アメリカの元陸上選手　カール・ルイスの言葉）

story 38

震災時の「くまモン」

熊本県のゆるキャラ、「くまモン」。

「ゆるキャラ」なのに名刺を持っていたり、県庁の会議に参加している姿がネットにアップされたり、大阪で神出鬼没キャンペーンを行なったりと、巧みな広報戦略から、登場以来、徐々に人気が広がっていきました。

決定打は、「熊本県のPRになるのなら、申請して許可を得れば無料でキャラクターの使用ができる」という気前のいいシステムを導入したこと。

全国各地で「くまモン」をキャラクターにした、たくさんの商品が出回り、相乗効果で人気に拍車がかかりました。

熊本県の……いや、日本経済に大きく貢献した「くまモン」ですが、実はその誕生の最大の目的は、「九州新幹線全線開業」に合わせた熊本県のPRでした。「新幹線が博多から鹿児島まで伸びて、大阪からノンストップで鹿児島まで行けるようになった」のを機会に、このままでは、「ただの途中下車駅」になってしまいかねない「熊本」をアピールしよう！　というのが、最初の狙いだったのです。

ですから、誕生以来、少しずつ知名度を上げてきた「くまモン」にとって、その集大成ともいうべき晴れ舞台は、九州新幹線の開業の日でした。

開業日は、２０１１年3月12日。

その日、「くまモン」は、華々しい開業セレモニーにさっそうと登場する……はずでした。

しかし。

開業を翌日に控えた3月11日。

あの「東日本大震災」が発生したのです。

当然のことですが、予定されていた開業記念イベントや祝賀会はすべて中止。

当日は、お客様に記念品が配布されただけになりました。

そして、新幹線の開業後、1年先まで埋まっていた、「くまモン」のスケジュールも、すべて白紙に……。

震災のあと、「くまモン」は自粛し、その活動をすっかり停止しました。

……でも。

自粛をスタートからしばらくすると、「くまモン」のツイッターに、「くまモンはどうしたの?」と、心配するファンからの声が寄せられ始めたのです。

「自粛ばかりしていてはダメだ。こんなときこそ『元気』を届けなければ!」という知事の意向を受けて、くまモンは活動を再開します。

そして、震災後の「くまモン」が最初にやったこと。

それは……。

「くまモン募金」！

さらに6月には、「東日本大震災復興支援チャリティーバザール」を開催。

宮城県の保育園や幼稚園へ慰問にも訪れました。

「ゆるキャラ」である「くまモン」は、「元気を届ける」という、「ゆるキャラである自分にしかできないこと」をやったのです。

誰にでも、「自分にしかできない仕事」があります。

歌手のさだまさしさんも、震災後、コンサートを自粛していましたが、東北へ慰問のコンサートに行ったとき、自分への声援を聞き、歌を聴いて涙を流している人たちの姿を見て、「あっ、歌っていいんだ」と思ったといいます。

「自分にしかできない仕事」には、なかなか出会えないかもしれません。

いや、「なかなか気づくことができない」というほうが正しいかも。

「くまモン」の仕掛人である小山薫堂さんは、あるインタビューで、「自分が依頼された仕事を断るときの理由」について回答していました。

それは。

「自分でなくてもできると思う仕事」

逆に言えば、「自分がやれば面白くできると思える仕事なら受ける」！

薫堂さんは、「熊本をＰＲする」という仕事が来たとき、こう考えたはずです。

「自分なら面白いことができる」

薫堂さんが「他の人にもできる仕事を断る」というのは、何も仕事を「えりごのみ」しているわけではありません。

「この仕事は自分がやることで面白くなる要素があるだろうか？」と検討した上で、「いや、これは誰がやっても人がやっても同じだな」としか思えないときに、

「お断り」しているのです。

「くまモン」にだって、「くまモン」にしかできない仕事があったのです。

あなたにも、あなたしかできない仕事が必ずあります。

そして、頭を使えば、今の仕事を「あなたにしかできない仕事」に変化させることも可能なのです。

仕事のなかにやりがいを見出すヒント

「ある意味、熊本、背負ってます」

（くまモンが持っている名刺に印刷された、複数の言葉のなかの1つ）

story 39

ベトナム人スタッフをヤル気にさせた魔法

やる気がない人。あるいは、言われたことしかやらない人。
そんな人たちに、自らやる気になってもらうには、どうしたらよいのでしょう？
やりがいって、どこから生まれてくるのでしょう？
これは、そんなことを考えさせてくれる話。

三越に入社後、その研修制度によってアメリカのディズニーに出向したという経歴を持ち、現在は、両社で学んだ「サービス」に関する知識を活かし、講演活動や企業研修の講師などとして活躍をされている上田比呂志さん。
そんな上田さんが、ディズニーのエピコットセンター（アメリカのフロリダ州にあるウォルト・ディズニー・ワールド・リゾートにある４つのテーマパークのなかの1つ。テーマは実験未来都市。現在の名称は「エピコット」）に赴任したときに体験した話です。

エピコットセンターの「日本館」を担当することになった上田さん。現地に赴任してみると、レストランの売上が落ちていることに気がつきました。ゲストからの声を見てみると、「待ち時間が長い」という苦情が多い。なぜ、待ち時間が長いのか？　調べた結果、どうやら、「テーブルセットに時間がかかっている」のが、その原因だとわかりました。

「日本館」のレストランは完全な分業制で、お客様を席まで案内する係、オーダーを取る係、シェフ、料理を運ぶ係、そして、お客様が帰ったあとで、最後にテーブルセットをする係、それらはすべて異なるスタッフが担当していました。

基本的には「日本館」のスタッフは日本人なのですが、この分業のうち、最後のテーブルセットをする係だけは、直接にゲストと接する機会がないこともあり、ベトナム人スタッフが担当していたのです。

決してベトナム人スタッフの仕事が遅いわけでも、彼らが仕事を怠けているわけでもありません。ただ、国民性からか、「ゲストが混んできたから、普段よりも急いで仕事をしよう」という感覚がなく、それが、混雑時にお客様を長く待たせる原因になっていたのでした。

マニュアルどおりに、きっちりと仕事はするけれど、「状況を考えてプラスアルファの行動を起こす」ということはしない。

もちろん、決して悪気があるわけではない……。

さあ、もし、あなたが上田さんの立場ならどうしますか？

ベトナム人スタッフへ、「もっと状況を判断して、混んでいるときは急いで仕事をするように」と注意するでしょうか？

上田さんが選んだのはまったく別のアプローチ方法でした。

上田さんはこう考えたのです。

「彼らがゲストのことを考えられないのは、ゲストと接する機会がなく、感謝さ

れる場面がないからに違いない」

ならば……。

上田さんは自ら、ベトナム人スタッフへ、ゲストの感謝の気持ちを伝えることにしました。

「ナプキンの折り方がすごくいいね、清潔な折り方で気持ちよく食事ができたって、ゲストが喜んで帰っていったよ。ありがとう」

そんなゲストの言葉を、こまめに伝え続ける上田さん。

すると、ベトナム人スタッフたちの行動が、徐々に変わってきたのだそうです。

まず、感謝の言葉を伝え始める前と比べて、笑顔でいることが増えました。

そして、仕事も見違えるほどテキパキとこなすように変化。

ついには、**自分たちで折り紙を勉強し、ナプキンを鶴の形で出し始めた**のです。

ナプキンを鶴の形に折るなんて、マニュアルのどこを探しても書かれていません。

まぎれもなく、ベトナム人スタッフたちが、お客様を喜ばせようと、自分たちで考えた、オリジナルの「おもてなし」です。

「ウエダさん、ツルのナプキンを見てゲストは何か言っていましたか?」

嬉しそうに聞いてくる彼らに、上田さんが「こんな丁寧なナプキンの折り方は見たことがない。さすが、日本館だね、と言って喜んで帰っていったよ。ありがとう」と、ゲストからの感謝のメッセージを伝える。

そうすると、彼らはさらに喜んで、「ゲストにもっと喜んでもらおう」と、いろいろなことを考え、自ら行動する……。

レストランの売上はすぐに回復したそうです。

上田さんは言っています。

「彼らに『おもてなしとは……』と説明するよりも、『自分のやることが誰かのためになっている』『気をきかせることで喜んでもらえる』と体感してもらったほう

が、自分たちで考えて行動するようになり、マニュアルも必要ではなくなる。『感謝の気持ち』は必ず人を変えます」

この「感謝の気持ちは必ず人を変える」という考え方は、人間関係のすべてに通用する永遠の真理です。

「ありがとう」

この言葉を聞いて、「自分の仕事が誰かの役に立っている」と実感できたとき、それが「仕事のやりがい」になります。

仕事のなかにやりがいを見出すヒント

「ありがとう」は、
仕事の「やりがい」を変える魔法の言葉。

story 40

大人になって「働く」ということ

「わたしはお花が大すきです。大きくなったら、お花やさんになって、たくさんの人によろこんでもらいたいです」

これは、東京に住んでいたある小学生の女の子が書いた作文の一部分です。

「住んでいた」と表現したのは、彼女がどこかに引っ越したからではありません。

この女の子は、作文を書いてすぐに、交通事故で亡くなってしまったのです。

「花屋さんになる」という彼女の夢が叶うことはありませんでした。

昨日まで、いや、今朝まで元気だった人が、年齢に関係なく突然に命を奪われることがあるのが現実の世界。

「我々は、生まれ落ちた瞬間から、すでに死ぬのに十分な年齢である」という言葉をどこかで聞いたことがあります。


現実ではなく、ドラマの世界の話ですが、唐沢寿明さんが、主人公の外科医、財前五郎を演じたドラマ、『白い巨塔』にこんなシーンがありました。

財前は、ガンの権威でありながら、自らがガンにおかされてしまい、余命がいくばくもないことを知ります。

友人でありライバルでもある医師が「僕の病院に来い、君の不安を受け止めたいんだ」と言うのに対して、財前は自分の思いを伝えます。

財前五郎はこう言うのです。


「僕に不安はないよ。ただ……………ただ、……無念だ」

やっとの思いで教授の地位に登りつめ、自分の活躍の場になるはずだった新しい

「がんセンター」も建築中。自分の人生は、まさに「これから」というときに命を奪われる理不尽さ。その運命に対する、彼のやるせない気持ちが痛いほど伝わってくる名シーンでした。

本書では、「明日の会社」や「自分の仕事」への思いを「少しでも前向き」に変える、さまざまなヒントをお伝えしてきました。

でも。考えてみれば、「自分の将来の夢」にチャレンジする権利すら奪われてしまった人たちに比べれば、大人になって、働いているだけで、すでに、あり得ないほどの幸せなのです。

23歳の若さで白血病によって亡くなった青年が遺した言葉です。

「やれる可能性があるヤツが努力しないのを見ると、胸ぐらをつかんで、『オレと代われ！』と言いたくなる」

では、最後にもう1つ。

自分の「仕事への思い」を変える方法です。

それは、極論で言えば、たった1つしかありません。

「自分のためにではなく、誰かのために働く」

誰が最初に言ったのかは知りませんが、「働く」とは、「傍《はた》を楽にすること」、つまり、周りを幸せにするのが語源だと聞いたことがあります。

もちろん、これは正しい語源ではありません。

でも、「仕事」の本質を実に的確に表現しているたとえだと思うのです。

そもそも、「仕事」の「仕」は、「仕《つか》える」と書くではありませんか。

そう、誰かのために何かを「奉仕」する「事」が、「仕事」。

もし、地球上にあなた1人しかいなかったら、そこに「仕事」は存在しません。

存在するのは、自分が生きるための「行為」だけ。

そこには、「働きがい」どころか、「生きがい」すらないでしょう。

作家の石川達三はこんなことを言っています。

「若い人たちはよく『生き甲斐がない』と言います。しかしそれは当たり前です。孤立した人には生き甲斐はない。生き甲斐は、人間関係です」

そうです。

自分以外の誰かが存在して、初めて「生きがい」も「やりがい」も生まれる。

自分が仕事をすることによって、誰かが楽になる。
自分が仕事をすることによって、誰かが笑ってくれる。
自分が仕事をすることによって、誰かが幸せになる。

それが感じられたとき、人は、仕事に「やりがい」を感じることができる。

お金なんて関係ありません。

1円にもならない仕事、たとえば、ボランティアだって、家事だって、いや、それどころか、ほんの少し「誰かのお手伝い」をすることだって、「やりがい」を感じることはできます。

「仕事にやりがいを感じない」というあなた。

あなたの「仕事」も、実は、あなたが気づいていないだけで、必ず、誰かの役に立っています。

どうか、そのことを忘れないでください。

仕事のなかにやりがいを見出すヒント

「仕事で得られること」ではなく「仕事で与えられること」を考える。

あとがき
――あなたのパラシュートをつめた人

最後まで読んでいただき、ありがとうございました。

最後の最後に、もう1つだけ話をさせてください。

これは、アメリカ人のある飛行機乗りの話です。


その人の名前はチャールズさん。

ベトナム戦争のとき、優秀なジェット・パイロットでした。

数々の作戦をこなしていましたが、75回目の出撃で敵のミサイルによって撃墜されてしまいます。

堕ちて行くなか、危機一髪でパラシュートでの脱出に成功。

命は助かったものの、そのまま捕虜になり、監獄のなかで過ごすことに……。


6年後。

ベトナム戦争は終結。

チャールズさんも、やっと、捕虜生活から解放されたのです。


さて。ある日のこと。

彼と奥さんがレストランで食事をしていると、別のテーブルにいた見知らぬ男が歩み寄ってきてこう言います。

「あんたはチャールズじゃないか！　空母キティホークからジェット機で出撃して行ったただろう。撃墜されたんじゃなかったのか？」

驚くチャールズさん。

「いったいぜんたい、あんたは、なぜ、そんなことを知っているんだ？」

チャールズさんの言葉を聞いた男は、ニヤリとしてこう言ったのです。

「あの日、オレがあんたのパラシュートをつめたんだ」

その言葉を聞いたチャールズさんは驚きと感謝で息を飲みます。

「どうやら、パラシュートはちゃんと開いたようだな」

「もちろんだ。もしあのとき、あんたのパラシュートが開かなかったら、私は今、ここにはいない！」

その夜。

チャールズさんは一睡もできませんでした。

食事のときに会った、自分の命の恩人とも言うべき男のことが頭から離れなかったのです。

「あの男は、空母でどんな格好をしていたのだろう？

おそらく他の水兵と同じような白い帽子にベルボトムのズボン……。

私は、彼と顔を合わせたことがあったに違いない。

エリートパイロットだった自分は、そのとき、彼に自分から『おはよう』とか『元気か』と声をかけただろうか？

彼らの仕事に対して、1度でも感謝の気持ちを伝えたことがあっただろうか？」

パイロットのパラシュートをつめる水兵たちは、船底に近い作業場で、何時間も黙々とパラシュートをつめる作業を行ないます。

チャールズさんの脳裏に、長いテーブルに向かって、何10人という水兵たちが作業をする光景が頭に浮かびます。

この後、チャールズさんは、自分のこの数奇な体験を多くの人たちに知ってもらうため、各地で講演を行なうようになりました。

彼はこう言っています。

「人は皆、気づかないうちに、誰かにさまざまなパラシュートをつめてもらっている。それは物理的なパラシュートだけでない。思いやりのパラシュート、情緒的なパラシュート、そして、祈りのパラシュート……」

そうです。

誰もが、他人《ひと》にパラシュートを詰めてもらいながら生きている。
そして、あなたもまた、誰かのパラシュートをつめながら生きているのです。

「働く」って、そういうことです。

イギリスには、ホームレスの人たちに食事を無料で提供する「スープキッチン」という施設があります。

この施設で食事を作るのは家庭の主婦など、ごく普通の人たち。

もちろんボランティアです。

そのなかの1人の主婦はこんなことを言っています。

「スープキッチンに訪れる彼らと会うと、いつも、『私は必要とされている』と思えるの。その思いは、私にとっても大きな励みになるのよ」

ここで忙しそうに働く老婦人に、施設を取材していたある人が「忙しくてたいへんですね」と声をかけると、彼女は笑いながら、片手をブラブラさせて、こう言ったそうです。

「忙しいなんてとんでもない。私の片手はいつも誰かのために空《あ》けてあるのよ。必要とされればいつでも差し出せるようにね」

あなたの片手は、「誰かのために」空いていますか？

最後に、「スープキッチン」で働いた経験を持つ老婦人の言葉です。

「あんなに楽しい仕事はなかったわ」

「誰かのために役に立っている」と実感できたとき、その「仕事」は「楽しく、やりがいがあるもの」に変わる。

「働く」とは、誰かのために、あなたが持っている「何か」を使うこと。

「働く」とは、誰かのために、あなたの人生の一部を喜んで捧げる崇高なこと……。

こんなに素晴らしいことが、他にあるでしょうか？

西沢泰生

参考文献

『たった一言伝え方を変えるだけで、仕事の９割はうまくいく』渡辺美紀著　ＫＡＤＯＫＡＷＡ中経出版
『私たちはなんのために働くのか』諸富祥彦著　日本能率協会マネジメントセンター
『デキる人は皆やっている　一流の人脈術』島田昭彦著　明日香出版社
『たった2分で、怒りを乗り越える本。』千田琢哉著　学研マーケティング
『苦手なあの人を味方につける方法』自覚真由美著　フォレスト出版
『なぜか「目にとまる人」になる１００のルール』福田　稔著　日本実業出版社
『７つの習慣』スティーブン・Ｒ・コヴィー著　キングベアー出版
『成功の法則92ヶ条』三木谷浩史著　幻冬舎
『強く生きるノート』小池龍之介他著　講談社
『雨がふってもよろこぼう！』嶋津良智著　フォレスト出版
『すりへった心を満たして「最高の人間関係」でいられる本』井上裕之著　扶桑社
『「頭のいい人」はシンプルに仕事する！』中島孝志著　三笠書房
『この不況で損する人　この不況で得する人』斉藤一人著　ＫＫロングセラーズ
『決定版！　一流の人、二流の人』中島孝志著　マガジンハウス
『こわいほど「運」を呼び込む習慣術』樺　旦純著　日本実業出版社
『雨がふってもよろこぼう！』嶋津良智著　フォレスト出版
『伝え方が９割』佐々木圭一著　ダイヤモンド社
『「戦略力」が身につく方法』永井孝尚著　ＰＨＰビジネス新書
『野村の流儀』野村克也著　ぴあ
『「小さな気分転換」で人生を大きく変える方法』鶴岡秀子著　中経出版
『リッツ・カールトン　一瞬で心が通う「言葉がけ」の習慣』高野登著　日本実業出版社
『一流の想像力』高野登著　ＰＨＰビジネス新書
『なぜかいつも満席の居酒屋のおやじがやっている「つかみ方」』氏家秀太著　扶桑社

『ステーキを売るな　シズルを売れ！』エルマー・ホイラー著　パンローリング
『成功する人だけが知っている「一万円」の使い方』向谷匡史著　草思社文庫
『死ぬ気で働いたあとの世界を君は見たくないか⁉』早川勝著　かんき出版
『ブラック・ジャック』「U―18は知っていた」手塚治虫著　秋田書店
『強く生きるノート』本田直之他著　講談社
『心を上手に透視する方法』トルステン・ハーフェナー著　サンマーク出版
『一生モノの勉強法』鎌田浩毅著　東洋経済新報社
『仕事は楽しいかね？』デイル・ドーテン著　きこ書房
『小山薫堂　幸せの仕事術』小山薫堂著　ＮＨＫ出版
『悩みを「力」に変える１００の言葉』植西聰著　ＰＨＰ新書
『小山薫堂　幸せの仕事術』小山薫堂著　ＮＨＫ出版
『働く理由』戸田智弘著　ディスカヴァー・トゥエンティワン
『天職』秋元康・鈴木おさむ著　朝日新書
『残業3時間を朝30分で片づける仕事術』永井孝尚著　中経出版
『「戦略力」が身につく方法』永井孝尚著　ＰＨＰビジネス新書
『聞く　笑う、ツナグ。』高島　彩著　小学館
『時代を変える発想の作り方。』ＮＨＫ「らいじんぐ産　追跡！にっぽん産業史」制作班編　アスコム
『ご飯を大盛りにするオバチャンの店は必ず繁盛する』島田紳助著　幻冬舎新書
『なぜド素人経営者の焼肉屋は繁盛したのか？』たむらけんじ著　ワニブックスＰＬＵＳ新書
『「優柔決断」のすすめ』古田敦也著　ＰＨＰ新書
『1日に10冊の本を読み　3日で1冊の本を書く　ボクのインプット&アウトプット法』千田琢哉著　アイバス出版
『頭の回転数を上げる45の方法』久保憂希也・芝本秀徳著　ディスカヴァー・トゥエンティワン
『思考をやわらかくする授業』本田直之著　サンクチュアリ出版

参考文献

『トットチャンネル』黒柳徹子著　新潮社
『ドカベン』水島新司著　秋田書店
『成功者3000人の言葉』上阪 徹著　飛鳥新社
『宝塚（ヅカ）読本』中本千晶著　文春文庫
『どんな仕事も楽しくなるすごい法』深井次郎著　王様文庫
『銀の匙』荒川 弘著　小学館
『ニート』玄田有史・曲沼美恵著　幻冬舎文庫
『うらおもて人生録』色川武大著　新潮文庫
『働く理由』戸田智弘著　ディスカヴァー・トゥエンティワン
『LESS IS MORE』本田直之著　ダイヤモンド社
『また、売れちゃった！』河瀬和幸著　ダイヤモンド社
『銀座の教え』日高利美著　クロスメディア・パブリッシング
『一流たちの金言』藤尾秀昭監修　致知出版社
『くまモンの秘密』熊本県庁チームくまモン著　幻冬舎新書
『日本人にしかできない「気づかい」の習慣』上田比呂志著　クロスメディア・パブリッシング
『リッツ・カールトンが大切にする　サービスを超える瞬間』高野 登著　かんき出版
『あてにしない生き方』井形慶子著　中経出版

本書は２０１４年６月に刊行された『仕事に効く！ ビジネスをハピネスに変える考え方のコツ』（産業編集センター刊）に、大幅な加筆をして再編集したものです。

祥伝社黄金文庫

日曜《にちよう》の夜《よる》、明日《あした》からまた会社《かいしや》かと思《おも》った時《とき》に読《よ》む40の物語《ものがたり》

令和 2 年 4 月 20 日　初版第 1 刷発行

著　者　西沢泰生《にしざわやすお》
発行者　辻　浩明
発行所　祥伝社《しようでんしや》
〒101－8701
東京都千代田区神田神保町 3－3
電話　03（3265）2084（編集部）
電話　03（3265）2081（販売部）
電話　03（3265）3622（業務部）
www.shodensha.co.jp
印刷所　萩原印刷
製本所　ナショナル製本

　ISBN978-4-396-31781-2 C0130

祥伝社黄金文庫